旧梦如烟，潦倒西湖一钓船。

才情纵横

郁达夫小传

袁玉琴 著

中国青年出版社

图书在版编目（CIP）数据

才情纵横：郁达夫小传／袁玉琴著. -- 北京：中国青年出版社，2025. 6. -- ISBN 978-7-5153-7653-0

Ⅰ. K825.6

中国国家版本馆 CIP 数据核字第 2025S4F035 号

责任编辑：杜海燕
出版发行：中国青年出版社
社　　址：北京市东城区东四十二条 21 号
网　　址：www.cyp.com.cn
编辑中心：010-57350503
营销中心：010-57350370
经　　销：新华书店
印　　刷：三河市君旺印务有限公司
规　　格：650 mm×910 mm　1/16
印　　张：12.25
字　　数：93 千字
版　　次：2025 年 6 月北京第 1 版
印　　次：2025 年 6 月河北第 1 次印刷
定　　价：59.80 元

如有印装质量问题，请凭购书发票与质检部联系调换
联系电话：010-57350337

目 录

CONTENTS

富阳之子

　　清澈潋滟的富春江昼夜不息地流淌在浙北平原上，润泽着万千顷稻菽良田，也为两岸增添了水乡独有的旖旎风光。它的下游，在即将与钱塘江水贯通之处，有一座小城，像一颗明珠镶嵌在这玉带似的碧川上，这便是中国新文学第一代文坛宿将郁达夫的故乡——富阳。

　　富阳县（今浙江省杭州市富阳区）三面环山，一面临江。山抱水绕的自然景色，使这座古城虽历经千年沧桑，却始终焕发出勃勃生机，更有文人墨客对这片山川胜景作过极为形象的描绘："自富阳至桐庐，一百许里，奇山异水，天下独绝。水皆缥碧，千丈见底。游鱼细石，直视无碍。急湍甚箭，猛浪若奔。夹岸高山，皆生寒树，负势竞上，互相轩邈，争高直指，千百成峰。泉水激石，泠泠作响，好鸟相鸣，嘤嘤成韵。蝉则千转不穷，猿则百叫无绝。鸢飞戾天者，望峰息心；经纶世务者，窥谷忘反。横柯上蔽，在昼犹昏；疏条交映，有时见日。"（吴均《与朱元思书》）可谓写尽了富阳景色的明艳与妩媚。有人说郁达夫的文学才情，最初就得之于这片山明水秀的自然风光的陶冶。郁达夫自己曾说："对于大自然的迷恋，似乎是我从小的一种天性。"（郁达夫《忏余独白》）与郁达夫共同创办文学社团创造社的郭沫若也认为："他的诗文清丽是受了这种客观环境的影响。"（郭沫若《郁达夫诗词抄·序》）这些话道出了这位富阳之子与故土大地的深切联系。

郁达夫生于一八九五年十二月七日，本名文，字达夫，上有二兄一姊，是家中最小的一个孩子。郁达夫三岁那年，在书塾执教兼行中医的父亲不幸病故，家中除一座三开间的楼房外唯有薄田六亩。沉重的生活重担，无情地压在了母亲陆氏一人的肩上。每当入秋以后，她"老是不在家里，上乡间去收租谷是她，将谷托人去砻成米也是她，雇了船，连柴带米，一道运回城里来也是她"（郁达夫《悲剧的出生》），此外，每日里还得去自家弄堂口设摊出售花生、瓜子之类炒货，用以补贴家用，家境清贫的程度可以想见。

诚如郁达夫自己所述："我所经验到的最初的感觉，便是饥饿，对于饥饿的恐怖，到现在还在紧逼着我。"

郁达夫出生的年月，帝国主义早已用坚船利炮轰开了中国的大门。日俄在辽东半岛的争夺火并、甲午战争中中国蒙受的惨重损失，以及清王朝的孱弱无能的作揖主义，无不加速中国半殖民地化的历史进程。清王朝迫于内外交困的形势与压力，接受洋务派的改良主义主张，开始办工业、修铁路、讲时务、兴学堂，乃至派遣出国留学生等等，企图寻找一条苟且存活之路。然而，黑暗的社会"早经发生了腐溃，任你是如何的国手，也有点儿不容易下药的征兆，却久已流布在上下各地的施设之中"。在这一特定历史背景下偷生的"国民——尤其是初出生的小国民，当然是畸形，是有恐怖狂，是神经质的"（郁达夫《悲剧的出生》）。童年的达夫是孤独的。祖孙三代同堂的家庭，时常"静得同在坟墓里一样"，没有人气，没有欢乐。早年寡居的祖母，已将人生看穿，活着的唯一兴味是面壁念佛。母亲则"身兼父职"，成天在外面为全家讨生活。同胞手足固有情谊，却未能享受人伦亲情，两位兄长远去书塾求学，未成年的姐姐做了人家的童养媳，唯一与达夫成天厮守在一起，能给他关爱与安慰的是长他十岁的使婢翠花。

翠花来到郁家的时候，是个连穿衣吃饭都要人张罗的幼童，那时达夫的父亲健在，便收留了这个不幸的弃儿。达夫的父亲过世后，家境大变，母亲在外忙于生计，祖母年迈体弱，家务活几乎全由十几岁的翠花来操持。翠花与达夫的关系既像主仆，又似姊弟。在母亲离家的日子里，达夫常静静地坐在南屋的藤榻上，看看刘永福镇台湾、日本蛮子桦山总督被擒的石印小画本，要不就前前后后地跟随在翠花身边。

翠花上河滩淘米洗菜，达夫便坐在河岸边的青石条上，看近边的鸭子觅食戏水，望远处的风帆在江中穿梭往返。翠花在厨房里忙着，达夫也拱进去缠着她讲个故事什么的。有一回，近中午时分，母亲不在家，祖母在厅上念佛，达夫独自在庭院里，看见透过树叶洒落在墙边金鱼缸里的阳光，煞是好看，一时兴起，探起上身将手伸进缸里，"想将一丝一丝的日光捉起，看它一个痛快"，谁知身体失重，上身浸入缸中，在慌乱与挣扎中，失去知觉。待到晚上醒来之后，达夫第一眼看到的，就是守在床边双眼早已哭肿了的翠花。

达夫自小就沉默寡言，平日里除了跟随在翠花左右，从不与外面的小伙伴游玩。有一次却大出翠花的意外。

这是一个风和日丽的春天的早晨。达夫的母亲独自给父亲上坟去了，长年吃素的奶奶也去真觉寺念佛了。翠花正在灶间忙着刷锅洗碗，料理家务，达夫则站在门口，看着天空飘浮的淡云。不一会儿，左邻人家的少年阿千从门前走过，带着钩刀与扁担，准备上山去砍柴。阿千比达夫大一岁，可是他时常像大人一样地出门打短工，也跟着他家的大人一起上茶店酒馆，为此，达夫对他早已十分羡慕。以往阿千路过达夫家门口时，也曾邀达夫与他一起外出，今天他见到达夫无精打采地站着，就又一次对他说："盘龙山上的映山红开得又多又好看，还有'乌米饭'（一种小黑果子）、'彤管子'（一种野刺果）、刺莓，真好吃，你跟我去，我可以采一大堆给你。你奶奶不是在山脚下的真觉寺里念佛吗？等我砍好柴，我可以送你去寺里吃中饭。"

清早奶奶出门的时候，达夫原也吵着要求同去的，可奶奶疼爱孙子，怕他走不动，便将他留在家里。这会儿达夫听了阿千的鼓动，再也按捺不住游兴，但又生怕翠花发现，就特意放轻脚步，随着阿千一溜烟地快步走了。

两人出了弄堂，一路沿江向东而去。走出城外，天地宽广多了，达夫什么都觉得新鲜，一路问，一路谈。阿千则什么都知道，简直像一部小小的自然百科辞典。说着说着，两人上了盘龙山。阿千显然爬热了，将一件破夹袄脱去扔在山石上，让达夫在石上坐着休息，他则哼着戏文砍柴摘野果去了。达夫转身面对山下的富春江，头一次惊奇地发现世界是如此之大，那宽广的水面，那辽阔的天空，是他从来也没有看到过的。这时，什么家里人的担忧、翠花的焦急，早已被他忘到了九霄云外。

隔了一会儿，阿千光着脊背背了一小捆柴草，提着用小布衫包着的乌米饭、刺莓，来到达夫身边。他俩吃着新鲜的野果向后山走去。阿千将达夫送至真觉寺，他自己又去砍柴了。奶奶及庙里念经的老婆婆对达夫的到来都很诧异，细细地问了情况，达夫也很得意，便越发详细地讲述了他此次冒险出城的经过。午饭桌上，当一位老婆婆问达夫长大了想干什么时，达夫毫不犹豫地回答："我愿意去砍柴！"

翠花在家里不见了达夫，急得堂前屋后、弄口江边四处乱找，她以为达夫不是走迷了路，便是被坏人拐骗了去，于是回到家里大哭了一场，却万万没有想到他是同阿千去了真觉寺。等到下午达夫随祖母回到家里，翠花心里真是悲喜交集。当达夫看到翠花那双红肿的眼睛时，不无内疚地走去依偎着翠花，低低地求饶道："下次我不去了，下次我不去了！"翠花经不得达夫那乞求饶恕的眼神，没说一句责备的话，牵起达夫的小手，一起下厨房去了。

　　几十年后，达夫有次回乡省亲，赶巧遇到了翠花。她早已成了家，有了儿女，这回挑了担土产前来探视达夫的老母。冷不丁地看见了达夫，先是笑，然后又哭，临了从围兜里掏出一个烤白芋来递给达夫吃，引得满堂的人都笑了起来。也许，在她的心目中，达夫还是那个左右离不开家人的孤独男孩吧。

　　倘若说，富阳的山光水色培育与启迪了郁达夫文学才情的话，那么，世纪末的病态社会、清贫困苦的家境、失去欢乐与阳光的环境、孤独寂寞的童年生活，对于郁达夫某些孤僻、内向性格的形成，显然有着不可忽视的重要作用。童年的达夫就是在这样一种特定的现实生活土壤中成长起来的。

七岁那年，郁达夫开蒙入私塾念书。五年的发蒙教育，对于幼年的学子来说，不求甚解的死记硬背、僵化的教学模式自然无可留恋，但另一方面也应该承认，私塾期的学习，为少年达夫的国学修养打下了厚实的基础。

十二岁那年，达夫进了富阳县立高等小学堂读书。最使他惊异的是，自己竟是全校学生中身材最矮、年龄最小的一个。同窗学友中好几位都是三十岁左右的秀才，穿起黑色学生制服来，背不直，腰不挺，很有些别扭，回到乡下，妻儿成群恐怕已是不争的事实。若从年岁上来推算，达夫同他们的儿辈相仿。

当年学堂创办之初，民众对"洋学堂"除感到新奇之外，简直有些崇拜。学堂的房舍造成后，乡下百姓时常三五成群，甚至带了饭包和雨伞专程进城来看看这个新事物。学堂堂长在县里自然也是个大人物，进出都用蓝呢小轿代步。每月最后一个星期六，学生上作文课时，知县有空必来监课，此时，每个学生都能额外地得到两个肉馒头。一些乡下学生舍不得吃，将馒头带回乡，送给邻里尊长，本意倒不在尽孝，而是因为它是知县大人所赐，又是学堂里的食品，相信吃了是能够启智驱邪的。至于洋学生，民众自然更是侧目而视，尊崇有加，觉得他们简直就是无所不能的"张天师"。学生们自己一个个地也都感觉良好，暗自得意。就在达夫进校的这年年底，由于他资质聪慧，各科成绩总评在八十分以上，被特许同其他四位同学一起跳了一级。消息既出，这位文弱瘦小的富阳之子，立即成为城里乡下酒馆茶坊中人们交口赞许的人物之一。

这份突然而来的荣耀，却在达夫家里引出了一场风波。事情发生在翌年春天的开学时分。家里东拼西凑地给达夫缴了学费和书籍簿本费后，谁知达夫又坚决要求母亲给他买一双皮鞋。因为他想，那黑色斜纹制服，只有配上得得作响的皮鞋，走起路来才最神气。如此走进高一级的课堂，才足以压服那些年岁比自己大得多的同学。达夫的家境，原本就捉襟见肘，缴纳学杂费已经颇费了一番筹措，哪还有闲钱再去购置新皮鞋呢？然而慈蔼善良的母亲，终于不忍拂拗儿子的心愿，不得已带着他去百货店里买鞋。娘儿俩走了一家又一家，从下街直走到上街的最后一爿店，还是没有买到鞋。不是没有合脚的鞋，伙计们也待客殷勤，有的还故意摸摸孩子的头，套着近乎，拿出一双双不同式样和尺码的皮鞋给达夫试穿，只是当母亲最后提出要赊欠时，看到的都是同一张铁板似冰冷的脸，听到的都是账房先生大声喊出的"不予赊欠"。从最后一爿店里走出门的时候，达夫看到母亲的眼圈红了，那张素来毫无血色的两颊也涨得绯红。

回家以后，母亲先是默默地上楼去了。当她噙着眼泪提了一包衣物，下楼要上当铺时，达夫的心如同针扎一般，痛心疾首地哭着喊着，死拽住母亲，跪倒在地上拼命地求道：

"娘，娘！您别去吧！我不要了，我不要了，我不要皮鞋穿了！"

母亲悲从中来，不由得与达夫相对大哭了一场。最后达夫向母亲重赔了不是，检讨了自己的虚荣心，才结束了这场风波。金钱社会给予少年达夫的最初刺激在此后很长时间里都深深地刻印在他的脑海里。从此以后，达夫除了"拼命读书"外，再也不嚷着要穿皮鞋，甚至连衣物都不想用新的，在学校里结交的也都是一些清贫人家的子弟，对于那些有钱人和经商的人，也从此产生了仇视的心理。

皮鞋风波似乎一下子使少年达夫"老成"了不少。这一时期一系列的世事变幻更激起了这位少年学子对社稷前途的热切关注。先是光绪死了，哀诏下达，小小的富阳城里沸沸扬扬地掀起一番议论，接着儿皇帝溥仪登基，熊成基安徽起义……国运的颓圮衰微、清廷对进步势力镇压与迫害的加剧，无不使少年达夫的心里涌动起情感涟漪。有一天，一位国文教员举着报纸上一位青年军官的肖像给学生们看，痛陈清政府对外腐败无能、对内血腥镇压的累累罪行，那位军官便是被朝廷杀害的革命志士。这件事像一颗火种燃起了达夫心中的正义之火，他攥紧拳头，暗下决心："我们要复仇，我们要努力用功。""所谓种族，所谓革命，所谓国家等等的概念"，也就在那时，在他的"脑里生了一点儿根"（郁达夫《书塾与学堂》）。

杭城读书

郁达夫用三年的时间读完了富阳高小，毕业时以优异成绩告慰家长，并奖得《吴梅村诗集》一部。书香门第的郁家虽早已败落，但在郁达夫小学毕业的前一年，他的家庭情况又起了一点变化。

郁达夫的大哥郁曼陀，早年留学日本攻读法律。一九一〇年于日本法政大学毕业后，回国通过考试，以七品文官在外务部当译员。一九一二年起出任民国政府京师高等审判厅推事，此后一直在法院工作。抗战时期，他在上海任江苏高等法院第二分院刑庭庭长时，被汪伪特务暗杀身亡，是我国最早推行资产阶级法律的仁人志士。此当为后话。达夫的二哥郁养吾，其时也从杭州陆军小学堂毕业，在军中当了排长。兄弟二人从政从军，使郁家在富阳这般的小县城里成为头有脸的人家，加之书香世家的家风，家中子嗣自然以读书为本。于是，一九一〇年春天，十四岁的达夫在一位秀才亲戚的陪同下，离家去报考杭州府中学堂。杭州这座历史古城，素以风景优美驰名天下，四季景色秀丽多姿，湖光山色，如诗如画。尤其是早春时节，芳草新绿，乱花初放，垂杨依依，山峦葱翠，宛如粉黛新施的淑女，清新脱俗，艳而不丽，历代吟咏的诗篇不胜枚举。唐代白居易一首《春题湖上》，便将春意涌动的西子湖描画得出神入化："湖上春来似画图，乱峰围绕水平铺。松排山面千重翠，月点波心一颗珠。碧毯线头抽早稻，青罗裙带展新蒲。未能抛得杭州去，一半勾留是此湖。"无数的诗人为杭城春色迷醉得流连忘返，难怪新从乡下出来的郁达夫，一踏入风景如画的杭州城，见到那些"假山盆景似的湖山，自然快活极了"（郁达夫《远一程，再远一程》），在等候发榜的日子里，不免日日行游于碧水青山之间。

考取了杭州府中的郁达夫，却没能进入该校学习。从家里带出来的有限费用，经不得日日观光游览，此时已不足应付一学期的开支，一时无以为计，愁肠百结。一日，适遇同学三人，殷殷相邀同去嘉兴，郁达夫遂改往生活指数较低的嘉兴府中就读。在嘉兴，半年时光不能算长，然而对于初次离家远行的少年来说，孤寂怀乡之苦，情所难免，每当他孤身独处时，思乡的热泪可没少流。

乡愁的困扰固然令人神伤，乡愁却也可启智。达夫往往于泪痕未干之时，努力摒弃一切杂念，拼命地捧书苦读，在"一味的读书，一味的作诗"中，消解愁思，摆脱苦恼，遨游在宏阔博大的知识海洋里。半年苦读的结果，既长心智又长人，暑期返乡时，谁都说他长成个大人了。

第二学期，达夫复又插班进了杭州府中学堂。杭州毕竟是商业繁华、文化发达的都会城市，远非小小的嘉兴府所能比肩。学堂里锦衣玉食的公子哥儿不乏其人，追随左右之辈也大有人在。来自淳朴的乡镇世界的达夫，自然不屑与此类人为伍，更看不惯一些人似男非女的畸形做派，而他的不善交际和满身土气也与同辈颇多隔阂。达夫的孤独更深了。解脱既无可能，自救的唯一办法是深深地埋首于书堆之中。他的勤勉与才情很快地在作文上显露出来，成为国文先生关注的对象，于是这个不起眼不合群的乡下孩子，被他的同班学友赠送了一个"怪物"的绰号。

社交活动减少到零的达夫，与同窗的隔膜愈来愈深，书籍便成了他神交的唯一朋友。平日里他省吃俭用，积攒零钱，星期天就去旧书坊淘购经济而又实用的书籍。有时在书店里延宕得久了，错过了回校吃饭的时间，便在街上小面馆吃一碗最廉价的清汤面，尽管如此，他心里还在怀恨着浪费了几个铜子。而当他边吃面条边翻着新买来的书籍时，他的恼恨又立即被享受精神食粮的快慰取代了。

作诗则是他这时期宣泄情感的重要渠道，因而一有空闲便乐此不疲。达夫喜欢作诗，尤擅旧体诗。除了天赋之外，还得益于少小时饱学经书。这位"九岁题诗满座惊"的孩童，将富阳高小毕业时学校奖励的《吴梅村诗集》，作为"专心研求韵律"的启蒙课本。嗣后，除了博览群书，又深得《留青新集》和《西湖佳话》的启迪，作诗的兴趣有增无减。就在杭州府中期间，他练笔之余，开始向浙江、上海等地的报刊投稿，第一首诗就被《全浙公报》采用，这给了他极大的鼓舞。从此便常以假名投稿，一发而不可收。两三年后，发稿的命中率高了，他的真名才见诸报端。初试啼声的达夫，就显露出不凡的才具，可惜这些散见于报章的文字，已无从搜集，唯存有一九一一年作于故乡的《咏史》三首。现将第一首抄录于下，以飨读者："楚虽三户竟亡秦，万世雄图一夕湮。聚富咸阳终下策，八千子弟半清贫。"十五岁的少年在这首小诗里表达出对某些历史经验的总结思考，其心志与目光之宏阔可见一斑。

这一年适逢辛亥革命发生。达夫"日日在焦虑与紧张中渴望着革命的到来，同时又为自己没能参与革命有所作为而抱憾于心"。在《大风圈外》中他这样写道："平时老喜欢读悲歌慷慨的文章，自己捏起笔来，也老是痛哭淋漓，呜呼满纸的我这一个热血青年，在书斋里只想去冲锋陷阵，参加战斗。为众舍身，为国效力的我这一个革命志士，际遇着了这样的机会，却也终于没有一点作为，只呆立在大风圈外，捏紧了空拳头，滴了几滴悲壮的旁观者的哑泪而已。"这段自谴自责的文字正从另一角度印证了郁达夫关心国事、希冀报效祖国的鸿鹄之志。

第二年，中华民国临时政府成立。因中学堂未曾及时复课，达夫先后进了两所教会学校。专制、刻板的生活，缺乏活力的宗教道义教育，使素有独立思考与自由意识的达夫不堪忍受，他先是参与反校长的学潮被校方除名，而后又毅然离开变相"牢狱"般的蕙兰中学，对学校教育深感"绝望"的达夫考虑再三，决心回乡自学。回到故乡，达夫索居独学，严格规范自己的生活。每日清晨，未曾漱洗，先读外语，早餐过后，以《资治通鉴》和《唐宋诗文醇》为教本自学，下午阅读一小时自然读物，散步回来翻看当日的报纸。这样的课程安排，用现代语言来表述，可谓文科、理科兼学，政治与外语并重，十分科学。达夫学的第二种功课便是常常去近郊乡村与农民随意接谈，这使他学到了许多书本上不能学到的知识。他曾几次三番与一些农户深入交谈，听他们细算一年劳作的各种明细账，结果发现连拥有十亩田产的自耕农都难以养活五口之家，更不用说众多的赤贫户了。这样的访谈使达夫"有好几晚不能够安睡"。

"从这一种乡村视察的闲步回来，在书桌上躺着候我开拆的，就是每日由上海寄来的日报。忽而英国兵侵入云南占领片马了，忽而东三省疫病流行了，忽而广州的将军被刺了；凡见到的消息，又都是无能的政府，因专制昏庸，而酿成的惨剧。"（郁达夫《大风圈外》）面对农村凋敝的经济与外患内乱的现实，达夫早早地就养

成关心民生疾苦与国事安危的习惯。一个十六七岁尚未
走向社会的年轻学子，怀有如此深重的民族忧患意识，
其高尚的思想境界及道德情操，实堪感佩。联系其在辛
亥革命时所表露的拳拳报国之心，及数十年后终于为国
捐躯的壮烈之举，可以说，爱国、爱人民是贯穿其一生
思想行为的鲜明红线。而乡居两年的日子，确如达夫后
来在自己的回忆录中所称："对我的一生，却是收获最
多，影响最大的一个预备时代。"

东渡日本

　　辛亥革命虽然结束了中国几千年的君主制度，将清朝的皇帝赶出了紫禁城，但是不久国内政治风云变幻，余波迭起。先是孙中山领导的中华民国临时政府成立；继而国内的反动势力阴谋勾结，辛亥革命的果实被袁世凯窃夺，开始了北洋军阀政府的黑暗统治；而后，南方革命党人为维护共和民主政体，酝酿着讨袁斗争；最后国内军阀割据，战争绵延不断，可谓"天下骚然，政府惶惑"。为适应官制组织的招牌更新，一九一三年秋天，在北京供职的达夫长兄郁曼陀被派往日本考察司法，临行前回乡辞别老母，决定将居家自修的三弟达夫带往日本深造。这一决定结束了达夫乡居苦读的局面，开始了长达九年的异国人生旅程。

　　几阵秋雨过后，残暑尽退，郁达夫"带了几册线装的旧书，穿了一身半新的夹服"（郁达夫《海上》），怀着新鲜和喜悦，告别亲友，随兄嫂登船启程。

这一次长别故里，据达夫自己说："却一点儿离乡去国的悲感都没有。比到三四年前，初去杭州时的那种伤感的情怀，这一回仿佛是在回国的途中。"此种感受的产生，一方面，固然是"两年来的蛰伏，已经把我的恋乡之情完全割断了"（郁达夫《海上》），另一方面，与自己的长兄嫂同往，跟形单影只地漂泊在外的心境自然不尽相同，更何况，他还憧憬着天边外那片陌生而令人神往的土地上，有一捧鲜花、一份美好、一片希望在向他走来。十七岁的达夫此刻独自站在船楼上，望着眼前碧波涌动的日本海，尽情地展开幻想的翅膀，编织着一个个五彩缤纷的"梦"，随着那迎面而来的白鸥与水鸟，上下翻飞，纵情翱翔，青春的梦幻在海天一色的大自然美景中融化升华……

饱览了海行途中的旖旎风光之后，达夫一行经长崎，登神户，到大阪，去京都和名古屋，一路且玩且行，十月底，方抵达东京。在旅馆暂住了几天，而后在小石川区租下房屋正式安顿下来。

郁达夫的嫂子陈碧岑是个贤淑的旧式女子，在家时读过几个月的私塾，粗通文墨。她比达夫年长三岁，叔嫂感情甚好。随丈夫来日本后，由于勤奋好学，曾在丈夫的支持下入锦秋高等女校学习。平日则常与达夫一起学习日语，谈论诗词。从一九一三年抵达日本后，碧岑女士就开始写诗，直写到一九八一年去世之前，结集为《小隐山房诗抄》。如当年达夫兄嫂离东京返国时，兄弟叔嫂曾互相赋诗应答，现抄录碧岑女士与达夫酬答的诗各二首，以见那时兄弟、叔嫂间的融融亲情。

寄怀达夫弟二首

犹忆当时同作客，那知今日独思君。
一家羁旅留京国，千里音书望暮云。

扶桑西望是长安，横海风波道路难。
何日小屏红烛底，相将斗句理盘餐。

奉答长嫂兼呈曼兄四首（录二首）

定知灯下君思我，只为风前我忆君。
积泪应添西逝水，关心长望北来云。

何须指日比长安，春水灵槎会岂难？

删去相思千万语，当头还是劝加餐。

　　一九二二年郁达夫回国后在北京大学经济学系任教时，住在兄嫂家，生活上受到碧岑女士的悉心照料。达夫喜欢买书，细心的嫂子则专为他备了书柜。十年后，达夫在杭州定居，嫂子又将代为保管的书籍全部安全发运至杭州。一九三九年郁曼陀被汪伪特务暗杀后，这位坚强的女性不畏强暴，除含辛茹苦地担负起六个孩子的抚养重担外，还勇敢地参加抗日工作，为人民做了不少有益的事。这自然已是后话。

　　达夫随兄嫂在东京某旅馆暂住之初，一天下午，郁曼陀因公事外出，达夫与嫂子在旅馆闲来无事，想看看外面那个新奇的世界，遂外出漫步。叔嫂二人一路走一路看，不知不觉地走进了上野公园。待到想要回去时，却迷失了方向。情急之中，达夫从口袋里摸出纸笔，依样画葫芦地写出旅馆名，请求路人指点。尽管这样，两个日语盲还是花了很多时间，走了不少冤枉路，直至天黑才摸回旅社。兄长曼陀这时早已回到旅店，见二人多时不回，恐其走失，正准备报警找人，见他们二人狼狈而回，才将悬着的那颗心放了下来。

这件小事使达夫明白，身在异国，言语不通，简直寸步难行，更无须说干好别的事情了。于是他暗下决心，首先要攻克语言关。

达夫心中的另一个目标是要考取官费生，取得独立的经济来源。十九世纪，日本明治维新运动成功，使日本由封建社会步入资本主义社会，并在亚洲各国产生了深远的影响。清政府被迫推行洋务运动后，向各国派遣留学生，其中以日本为最多。嗣后，中日政府达成协定，凡考上东京第一高等学校、东京高等师范学校、东京高等工业学校、千叶医学专门学校及山口高等商业学校五所学校中的一所的中国学生，都可享受官费生待遇。于是在这一年的十一月，达夫开始了高度紧张的学习生活。清晨五点起床，去屋外草地诵读日语，上午八时啃着面包步行去正则学校补习中学的课程，中饭与晚餐，花二角大洋在学校附近的牛奶店里简单地用餐，晚上就去夜校攻读三个钟点的日语课。日复一日，天天如此，从不懈怠。他的皮鞋穿破了，在上海新做的呢夹衣也不足以抵御岛国凛冽的寒风。幸得一同乡送给他一件日本士官学校的制服，才抵御了一冬天的寒气。为迎接夏季的招考，自三月起，他又将原定的每晚十一时就寝习惯慢慢改去，常常苦熬至深夜，有时读书读得忘了时辰，凌晨五点附近兵工厂下夜班的汽笛拉响，他还不曾入睡。

功夫不负有心人，半年多拼命的苦读，终于得到了应有的回报。一九一四年夏天，十八岁的郁达夫终于拿到了东京第一高等学校的入学通知。此时的他，真是感到万分的欣慰。然而，这张录取通知书的代价是如此地沉重，郁达夫此后常犯的神经衰弱及慢性气管炎等病症，就是在这一时期种下的病根。

一九一四年秋，郁达夫进入东京第一高等学校预科学习。八月底，他的兄长应召回国。送别了兄嫂，郁达夫也由小石川区的住地搬出，从此开始了八年的住校留学生活。在"一高"预科，郁达夫先选读第一部文哲、经济和政法，后接到长兄来信，又改学第三部医学。由于选学第三部的人少，从一开始就与第一部的学生合在一起上课，在这里，郁达夫与第三部的郭沫若相识，又由于他们有共同的文学兴趣，两人自此建立起深厚的友谊。

在东京"一高"的这一年里，攻读学业之外，郁达夫最大的感受是作为一个弱国子民所受的巨大刺激。

日本在明治维新后，经济发展很快，国力大增。一九一四年第一次世界大战爆发，日本趁西方资本主义国家卷入战争，无暇东顾，侵占了山东，夺取德国在山东强占的各种权益。而国内袁世凯为阴谋恢复帝制，对内镇压革命势力，致使二次革命失败，对外则屈膝投降，不惜出卖主权，为求得日本帝国主义势力的支持，竟接受了丧权辱国的"二十一条"。对衰颓的国运感受得最强烈最痛切的，莫过于当时身处异域的华夏子孙了。郁达夫在自传之一的《雪夜》中曾说，"是在日本，我开始看清了我们中国在世界竞争场里所处的地位"，日本"国民中的最大多数——大和民族"，对待留日的中国学生"在态度上言语上举动上处处都直叫出来在说：'你们这些劣等民族，亡国贱种，到我们这管理你们的大日本帝国来做什么！'"正是他们，成了中国人了解自己国家的"高等教师"。那"支那或支那人的这一个名词"一经日本人口中呼出，听者的心里"会起怎么样的一种被侮辱、绝望、悲愤、隐痛的混合作用，是没有到过日本的中国同胞，绝对地想象不出来的"。

东京"一高"预科的功课很快就结束了。郁达夫进入名古屋的第八等学校，郭沫若则去了冈山第六等学校。

名古屋的第八等学校离市中心较远，那里的中国留学生比东京的少，种族歧视的精神压迫相对也轻了些。但是，由异地索居的孤独感而产生的强烈乡愁却愈来愈浓。与孤独并生，渴望异性温爱的青春期苦闷也不可遏止地犯了起来。忧郁的情绪严重困扰着郁达夫，至一九一六年春，发展成刺激性神经衰弱症，令他一度被迫停止学习，在一处环境幽雅的园林（晴雪园）中租了一间楼屋，静住休养了数月。郁达夫早期代表作《沉沦》中的主人公，因忧郁症而住进的梅园，就是以这晴雪园做背景来加以描画的。

"八高"时期郁达夫的一个重要收获，倒不在于所学医学专业如何精进，而在于对文学的业余爱好已近痴迷。在东京"一高"时他就开始阅读屠格涅夫的英译作品，在"八高"四年，据郁达夫回忆，"共计所读的俄德英日法的小说，总有一千部内外"。世界文学名著的广读博览，不仅培养了郁达夫浓厚的文学兴趣，同时也开启了他的创作才思，孕育出不少的写作题材。他牛刀初试，写出了《金丝雀》《樱花日记》《相思树》《芭蕉日记》等一批小说习作。

与此同时，郁达夫还写作并发表了大量的古体诗，从已经发现的资料看，名古屋求学期间，他以"达夫"和"春江钓徒"为笔名，分别在上海的《神州日报》、北京的《顺天时报》、杭州的《之江日报》、日本的《新爱知新闻》及《太阳》杂志上发表了近二百首诗，可以这么认为，这是他一生中旧体诗创作最旺盛的时期。一九一八年四月十二日《新爱知新闻》对郁达夫的《养老山中作》一诗曾作过如下评价："达夫诗，如春草乍绿，尚存冬心，尤妙于艳体，读之，皆令人惘惘。顷游养老山，寄示兹篇，盖一兴到之语，然才气毕竟不凡，其道大得灵助者，似矣。"可见，他旧体诗的功力与造诣已非寻常。而这一阶段他与日本文坛时人的频频酬应往来，自然为其留日生涯添助了不少雅兴，也是他与文学结下不解之缘的良好开端。

郁达夫进第八高等学校之初，学的是医学。这一年，中国国业之维艰，达到了空前的程度。袁世凯不顾全国人民的反对，悍然称帝，将中华民国改为中华帝国。以君主制取代共和制国体，无疑是倒行逆施之举。于是以孙中山为代表的各地革命党人纷纷发表宣言，兴师讨袁。一九一六年春，袁世凯迫于形势，宣布取消帝制，他的亲信也都众叛亲离，日本帝国主义见大势已去，迅速放弃了袁世凯，不久，袁即忧愤身亡。黎元洪接任大总统后，与总理段祺瑞又钩心斗争，随后就展开了所谓总统府与国务院的"府院之争"。而各地军阀派系林立，分别寻找帝国主义的扶持，各霸一方，割据混战。国无宁日，一切灾难都毫不留情地落在了百姓身上。面对这满目疮痍的国土、黑暗腐败的社会，郁达夫在这一年八月二十四日的家书中叹息道："国事日非，每夜静灯青，风凄月白时，弟辄展中国地图，作如此江山竟授人之叹。"他在十月十日的另一封家书中说："国事弟意当由根本问题着想。欲整理颓政，非改革社会不可。"为了实践改革社会的主张，郁达夫毅然由第三部转到第一部的法学部政治学科，重新读起，因而在"八高"整整待了四年。尽管历史证明，郁达夫并未成为政治家，但他以国事为重，慨然以天下为己任的心志，足以为青年后生所效法。

一九一八年春，中国与日本的陆、海军缔结了所谓的《中日共同防敌军事协定》，实际上是将日军进驻中国，并拥有军事指挥权的侵略行径加以合法化。日军在

"共同防敌"的名义下，进而控制了东北。消息传至日本，中国留学生举行罢课抗议，郁达夫亦积极响应，断然离校。第二年，国内爆发了轰轰烈烈的五四爱国运动，郁达夫虽远在日本，未能亲身投入，但他始终与爱国学生的气脉相连，在五月五日的日记上如此写道："山东半岛又为日人窃去，故国日削，予复何颜再生于斯世！今与日人约：二十年后必须还我河山"。北京学生火烧赵家楼，痛打章宗祥，郁达夫高兴地在日记中连呼"痛快"！当日就给自己摄影，以作纪念，而且表示此后每于此日都要照相一张，以不忘国耻。

命运似乎早已注定郁达夫不该成为一位政治家。一九一九年夏，当他从第八高等学校法学部政治学科毕业后，曾按其长兄之意回国参加过外交官及高等文官的考试。尽管他品学兼优，却因"试前无人为之关说之故"（郁达夫九月二十六日日记），两次都名落孙山。报国无门的达夫重返日本，进了东京帝国大学经济学部经济学科深造。

郁达夫究竟有无政治家的才干呢？与之深交数十年的郭沫若曾在《论郁达夫》中评说道："达夫应该是有政治才能的，假如做外交官，我觉得很适当。但他没有得到这样的机会。"就在东京帝国大学期间，在一次公众集会上，郁达夫充分地显示出他在这方面的才能。

那是一次留日学生总会组织的名人演讲。应邀讲演的是历任过日本文部大臣、司法大臣、东京市长的众议员，著名政治家尾崎行雄。千名留学生慕名而来参加集会。尾崎在演讲中涉及某个中国问题时，说了几句讽刺中国的话，当他演讲告一段落时，郁达夫在听众席上突然起立，向尾崎提出质询，其"态度的磊落，措辞的得体，持理的充足，观点的正确，再加上日语的流利，声调的激昂"（孙百刚《郁达夫外传》），都表现出了政治家应有的器识与才具，当场赢得尾崎的道歉，为此博得了全场听众的热烈掌声。

进"帝大"学习的第二年，即一九二〇年夏，郁达夫奉母命回国与孙荃结婚。早在三年前，达夫首次回国探亲时，他母亲便为他订下了这门亲事。郁达夫对包办婚姻不满，但又不愿伤母亲的心，顺从之余，一直托词延宕婚期。后经孙家一再要求及母亲敦促，郁达夫提出不作"空排仗"，摒除烦琐的结婚礼仪等条件，方始回来"简略完姻"。在婚后的那段日子里，郁达夫与孙荃之间不能说没有感情，而且还应承认，在他们生下二男二女的最初几年里，还是相当有感情的。但这只是像几千年沿袭下来的千千万万的中国普通家庭一样，是一种捆绑式结构的家庭生活形态，此类夫妻感情，爱情的含金量极小。因此，七年后，当另一位女子出现在郁达夫的面前时，他犹如在苍茫的沙漠中遇见了绿洲，"第一次性命交关地掉在爱情的'绿洲'上了"（郁风《三叔达夫》）。

异军突起

一九二一年在中国现代文学史上是一个值得大书一笔的重要年代。这一年的一月，中国新文坛出现了第一个纯文学社团——文学研究会。该团体由沈雁冰、郑振铎、叶圣陶、许地山、王统照、周作人、郭绍虞、耿济之等十二人发起，在北京成立。著名作家冰心、朱自清、庐隐以及后来成为军事家、外交家的陈毅都是文学研究会的早期成员。"文研会"奉行"为人生而艺术"的文学主张，反对将文学作为"高兴时的游戏或失意时的消遣"，"相信文学是一种工作，而且又是与人生很切要的一种工作"。他们的艺术主张决定了他们倡导写实主义（即现实主义）的创作方法。鲁迅由于当时在教育部任职，按有关规定，未能参加文学研究会，但他的文学志趣与文研会的主张相近相通，所以始终与文研会的作家保持着密切的联系。

这一年的六月，远在日本的一批留学生异军突起，聚会于东京，成立了新文学史上又一个重要社团——创造社，发起者为郭沫若、郁达夫、张资平、成仿吾、田汉、郑伯奇等人。在文学思想上，他们的追求与文学研究会不同，主张尊重艺术，表现自我，认为文学不是客观生活的再现，而是作家主观情感的自然流露。这支文艺新军受西方浪漫主义文艺思潮的影响较深，提倡长于抒情的浪漫主义文学。文学研究会的写实主义与创造社的浪漫主义成为中国新文坛上两大艺术派别，为新文学运动的发展，作出了重要的贡献。

这批留日学生当初读的多为理工科专业，比如，郭沫若原本学医，郁达夫学的是经济，成仿吾学兵器，张资平搞地质，只有田汉学的是师范，属于大文科范畴。他们完全是出于对文学的爱好，并在国内五四新文化运动的特定背景影响下走到了一起，创建了志同道合的文学社团。据郭沫若说，最初的动意萌生于一九一八年。当时郭沫若在福冈九州帝国大学攻读医学，受了俄国十月革命胜利的感召，开阔了眼界，认识到"文艺正是摧毁封建思想，抗拒帝国主义的犀利的武器，它对于时代的革新，国家的独立，人民的解放和真正的科学技术等具有同样不可缺乏的功能"（郭沫若《我怎样开始了文艺生活》）。于是，那年暑期，当他在日本博多湾海岸遇见张资平时，便提出要"找几个人来出一种纯粹的文学杂志，采取同人杂志的形式，专门收集文学上的作品，不用文言，用白话"，而且首先想到的就是他预科时的同学郁达夫。后来成仿吾在郭沫若处听到了他们的这一设想，也极为赞成。一九一九年五四运动风云激荡，进一步促成了创造社的成立。

一九二〇年春天的一个午后，和煦的阳光暖暖地照在"不忍池"畔"池之端"二楼的一间寓所内。寓所的主人郁达夫似乎有些兴奋，他将原先室内四处乱堆的一些书籍整理了一番，又与"帝大"地质科的同学张资平合出了一块钱从街上买来了一堆橘子，等候着另两位文学爱好者的到来，准备商议成立文学团体和出版刊物的事项。

下午两点多钟，在"帝大"造兵科学习的成仿吾如约到达。矮小精干的成仿吾背着书袋走上二楼时，也是一脸兴奋，明亮的眼睛透着笑意，坐定未久，便从书袋中掏出郭沫若从九州"帝大"捎给他们的信和诗稿。读了郭沫若对于成立社团创办杂志的提议信后，三个人一边漫议着一边等着另一位朋友田汉的到来。

桌上的橘子吃完了，室内的电灯也亮了起来，但仍未见田汉的身影。郁达夫与张资平只能自认晦气，白花了一元钱，成仿吾则发着牢骚背起书袋告辞回去了。这一次的"橘子会"，虽然没有得出什么决议性意见，但却是创造社酝酿期的最早一次会议。接着郁达夫、成仿吾他们又开了几次筹备会议，还邀请京都的郑伯奇、穆木天、张凤举、徐祖正等人加入，以壮大队伍，增强创作力量。

一九二一年三月下旬，上海泰东图书局的法学主任、成仿吾的同乡李凤亭来信，邀成仿吾去泰东任文学科编辑室主任。郭沫若感到这是他们创办杂志的一次机会来了，便随成仿吾一起到了上海。可是泰东图书局老板赵南公改组编辑部的计划迟迟未能执行，李凤亭也已离开书局去安庆执教。郭沫若与成仿吾到了泰东，赵南公虽然将他们留了下来，但既不发聘书，也不定职位与薪金，只管他们的食宿。几周以后，成仿吾忍耐不下，先自回湖南老家进一兵工厂工作，留下郭沫若一人在上海。不久，郭沫若向泰东图书局老板提出想出版一文学杂志的想法，不料赵南公竟一口应允。这下郭沫若真是喜出望外，赶紧回日本与大家商定刊物名称、出版日期，并组织稿件去了。郭沫若先到京都找了郑伯奇、穆木天、张凤举等人，但没有什么结果，随即去东京找郁达夫。当时达夫正生着胃病并伴有发烧，住在东京神田骏河台的杏云医院，几天下来，病情大有好转，人也可以下床走动了。

从京都到东京，郭沫若坐了一夜的火车，未曾好好地睡上一觉。上午抵达东京，在街上随便吃了一点东西，匆匆赶到杏云医院时，时针刚指向中午十二时一刻。郭沫若推门进入病房，没想到正同从窗前踱步转过身来的郁达夫照了个正面。郭沫若原以为见到的将是个重病卧床的达夫，不料对方竟好端端地站在那儿，立即露出惊喜的目光，脱口问道："你还认得我吗？"

"怎么会不认得！可是清瘦得多了。"

"你也老了许多，我们在预科的时候，你还是一个小孩咧！"

"可不是嘛！"

他们俩从预科出来后，分手已有六七个年头了。前些时为创办杂志社的事，虽通信笔谈过，但真正见面这还是久别后的第一次。这两位后来成为创造社中流砥柱的作家，一个共同的特点是感情丰富、溢于言表。尤其是郁达夫，生性善感多愁，如今久别重逢，看到风尘仆仆的郭沫若，一身古色苍然的衣帽，一夜未眠而显得疲惫消沉的面容，又联想到他正同自己一样，"受了专制结婚的害，现在正在十字架下受苦"，一时不由得感伤莫名，几乎要滴下泪来，但又怕对方笑自己无男儿气概，复又隐忍了下来，只得沉默不语。

过了一会儿，两人的感情似乎都得到了平复，才像打开了话语的闸门似的，滔滔不绝地议论起他们的文学理想与未来的希望来。他们从上海谈到日本，从国内文艺、新闻界的现状讲到自己创刊的宗旨与追求，兴之所至，无所不谈。谈到上海文坛情状，郭沫若摇头叹息道，当前上海文坛正被一帮文氓文丐所把持，什么《礼拜六》《游戏世界》等杂志、小报充斥市场，内容全写的是才子佳人、花前月下、三角乃至多角的情感纠葛，开口闭口便是什么"鸳鸯蝴蝶"的滥调，笔墨中充溢着脂粉气和竹（麻将牌）云烟（鸦片烟）气。面对这样的处境，郁达夫刚才还兴致很高，如今不免担心起自己的杂志办起来若是起点太高，恐怕会缺乏读者，变得孤立。郭沫若心高志远，立即补了一句："先驱者哪一个不是孤独的人？我们且尽我们的力量去做吧。"

一席话，又将郁达夫的精神鼓动了起来，最后，两人初步商定杂志的刊名叫《创造》，出月刊还是季刊，待稿源问题解决后再定。郭沫若感到此行东京的目的已经达到，十分高兴，便又与达夫畅谈了别离后的状况。当天晚上，为了他们共同的文学事业，他们又谈了许久。达夫在病中，谈久了感到有些乏力，但又觉得他的病症却因此减轻了许多。第二天午后送走了沫若，达夫就急着想出院了。为纪念这次旧友重逢，他还专门写了个名为《胃病》的短篇。

在郭沫若去医院探望郁达夫的第三天，郁达夫就离开了杏云医院。接着就在他的住所第二改盛馆开了个会，参加者有郭沫若、张资平、何畏，还有从京都赶来的徐祖正等。会上议定杂志名为《创造》，先出季刊，稿件由在日本的同学分担，暑期中交齐。这次会议实际上成为创造社的成立大会，时间是在一九二一年六月上旬。

郭沫若轻装简行，不日又回到了上海泰东图书局。由于稿源问题及书局的拖延，他除以"创造社丛书"名义编出第一个新诗集《女神》外，季刊的事进展不大。于是九月初他将郁达夫召回上海，交割有关事宜后，自己便回日本继续攻读他的学业，郁达夫则留在上海筹备出版季刊。

没想到，郭沫若逗留上海将近半年未曾解决的事，郁达夫进泰东不到半月，便做出了眉目来。九月底，他在上海《时事新报》上先出了个《纯文学季刊〈创造〉出版预告》，全文如下：

自文化运动发生后，我国新文艺为一二偶像所垄断，以致艺术之新兴气运，渐灭将尽，创造社同人奋然兴起打破社会因袭，主张艺术独立，愿与天下之无名作家共兴起而造成中国未来之国民文学。

创造社同人　田汉　成仿吾　郁达夫　郭沫若张资平　郑伯奇　穆木天

（上名以笔画简繁为次）

《出版预告》中所提"我国新文艺为一二偶像所垄断"，当时曾经引起文学研究会一些成员的不满。因而在最初一段日子里，这两个文学社团之间曾产生过一些隔阂，但创造社这批留学日本的大学生，初出茅庐，奋然"异军苍头突起"，其高远的文学抱负、年轻学子的热情浪漫气息和无拘无束的蓬勃朝气，确为当时文坛注入了一股清新的空气。

其实，还在东京"帝大"经济学部学习时，由于酝酿成立文学社团，出版文学期刊，郁达夫便着手写出了三篇小说：《银灰色的死》《沉沦》和《南迁》。

从进入东京"一高"预科开始，郁达夫便利用课余时间阅读各种外国作品，在名古屋第八高等学校学习期间，更是将俄、德、英、日、法国的小说读了千部左右，加上原先在国内已有的深厚国学修养，这些都为郁达夫从事小说创作打下了坚实的基础。当他的第一本小说集《沉沦》于一九二一年问世后，立即引起了社会的广泛重视，深得青年读者的喜爱，并奠定了他在新文坛的重要地位。

《沉沦》是郁达夫早期小说的代表作。写的是一个留日青年在稠人广众中深感孤独，得了忧郁症，一面远离同窗朋辈，一面又渴求得到真诚的友谊与爱情，在内闭的精神状态下产生了青春期的性苦闷。他不自觉地偷窥女性洗澡、情人幽会，深感自责而又不能自拔，最后在酒楼里自我糟践一番之后，走上了绝望的蹈海自杀之路。

小说发表之初，曾被一些道德家们批评为"海淫海盗"之作。应该承认，作品中一些性苦闷的描写，对一些意志比较薄弱的青年读者来说，确有不良影响。但是我们更应看到，主人公青春期的苦闷，反映的是人性的本能。作品中的有关描写，绝非哗众取宠的展览，而是把性的苦闷与生的苦闷、社会和时代的苦闷联系在一起，深刻地揭示了弱国子民的卑微心态以及民族屈辱、祖国危亡的苍凉意识。诚如主人公在投海前遥望故国，悲愤地喊出："祖国呀祖国！我的死是你害我的！你快富起来，强起来吧！你还有许多儿女在那里受苦呢！"另一方面，也应看到，对主人公青春发动期性苦闷的描写，也是五四思想解放运动烛照下的产物。五四时期的思想解放，包括个性解放与性的解放。从这个意义上说，郁达夫的《沉沦》及其前期作品中有关某些性苦闷的描绘，是与反帝、反封建的民族解放，社会解放运动的大方向紧密相连的，它的强烈反帝意识及对封建伦理道德的有力冲击，在那个特定的历史时期，无疑是十分有价值的。郭沫若当年曾评论道："他那大胆的自我暴露，对于深藏在千年万年的背甲里面的士大夫的虚伪，完全是一种暴风雨式的闪击，把一些假道学、假才子们震惊得至于狂怒了。"（郭沫若《论郁达夫》）郁达夫后来在《忏余独白》中谈到这篇小说的创作时说："人生从十八九到二十余，总是要经过一个浪漫的抒情时代的，当这时候，就是不会说话的哑鸟，尚且要放开喉咙来歌唱，何况乎感情丰富的人类呢？我的这抒情时代，是在那荒淫惨酷，军阀夺权的岛国里过的。眼看到的故国的陆沉，身受到的异乡的屈辱，与夫所感所思，所经所历的一切，剔括起来没有一点不是失望，没有一处不是忧伤，同初丧了夫主的少妇一般，毫无气力，毫无勇毅，哀哀切切，悲鸣出来的，就是那一卷当时很惹起了许多非难的《沉沦》。"由此可见，《沉沦》作为自叙传的作品，作家确是站在时代的高度上来对某种遭遇与感受加以艺术的概括的，写性苦闷是为了反映人生的苦闷和五四青年的时代苦闷。从这个角度出发来评价郁达夫的前期作品，也就不致陷入理解的误区了。

《沉沦》以大胆的取材、惊人的描写、清新的笔调，"吹醒了当时的无数青年的心"，使他们从主人公身上，照见了自己的时代面影，从而决心跳出感伤的圈子，振作起精神，努力前行。所以作品一问世，许多青年都十分推崇郁达夫，愿意引他为自己的朋友，不少青年连夜从镇江、苏州、无锡、嘉兴等地赶到上海排队购买此书。小说连续刊印十余版，发行三万余册。这一现象在当时文坛也是不多见的。

有些人时常抓住《沉沦》的自叙传性质，就对郁达夫的思想品质、道德情操作不切实际的歪曲与攻击，并冠之以"颓废派"作家的称号。众所周知，艺术作品是一种创造，即使是自叙传体的作品，也是在生活真实的基础上加以必要的艺术想象、夸张加工而成，它与生活真实是有区别的，不能等同视之，此其一。其二，既然是艺术作品，就要突出某些事物的特征。郁达夫竭力追求忧郁、感伤的美学境界，因此，在他的作品里，故意夸大与放纵自己思想中的某些消极面，甚至卑己自牧到不惜写出种种颓唐的病态行为。这些都应该归为一种艺术的创造，绝不能同作家本人的思想情操和生活态度简单地画上等号。其中一个最明显不过的例子是，当年曾与郁达夫一起在上海泰东图书局编稿的创造社成员郑伯奇曾回忆道："达夫笔下的人物往往是忧郁的化身，但他本人却是非常活泼、爽朗。性情平易近人，给人一种亲切的感觉。他爱谈论，说话很随便……谈话时（眼睛）放射着光芒，显示出他的聪明、机灵和敏感。"（郑伯奇《忆创造社》）达夫自己也在《〈茫茫夜〉发表以后》一文中说："我平常作小说，虽极不爱架空的做作，但我的事实（Wahrheit）之中，也有些虚构（Dichtung）在内，并不是主人公的一举一动，完完全全是我自己的过去生活。"因此，说郁达夫是"颓废文人"，不是错误论断，便是恶意中伤。

郁达夫在泰东图书局的待遇，也与郭沫若在时一样，泰东只供膳宿，而不定职位和薪水，生活条件十分简陋。郁达夫是南方人，但泰东的伙食却时常供应北方的粗面条，于是不得不将身边的一点钱用在去外面店铺改善伙食上。郁达夫又是个爱书如命的人，只要踏进书店。总要抱一大包书回去，中文的、外文的都买，这就使他的经济更为窘迫。可是，"屋漏偏逢连夜雨"，偏偏在这个时候，郁达夫还遭受了一次意外的经济损失。

郁达夫客居的泰东图书局的整个编译所，都在德福里的一幢旧式弄堂房子里，这是一幢两楼两底的屋子，办公室、货物堆栈、膳厅、宿舍、单身汉、眷属全都挤在里面。郁达夫去得晚，只得在二楼客堂里靠近楼梯的一边搭一个床铺住下，所有属于自己的使用面积就在这张床上了。谁知，他刚住下不久，暂时搭在床架上的一件衣服里的一百多元钱就被人偷走了。这对于一个尚在学校求学的穷学生来说，打击不可谓不大。事情沸沸扬扬地传开之后，书店老板赵南公赶紧出来道歉，并且让他的大儿子负责追查，务必要弄个水落石出。可是，当侦查的嫌疑者落在赵南公姨太太的哥哥身上时，事情就无法进行下去了，一拖再拖之后，最后不了了之。

这样的环境，非但难以从事正常的编稿工作，更无法安心写作。因此郁达夫便有了离去的打算。这时，书店老板赵南公适时地向郁达夫推荐了一个新去处。

原来，郭沫若在泰东时，赵老板就曾为郭沫若安排了一个教师职务，地点在安庆法政专门学校，教的是英语。郭沫若很快返回日本，因此，老板就把这一职务推荐给郁达夫。上海的老板精于算计，郁达夫去安庆任教，手中《创造》季刊的编辑工作可以照做，书店便能够少出钱，或者不出钱，岂不有两全的妙用？精明到家的赵老板可谓摸准了穷学生的脾性，郁达夫当时既缺钱用，又新近结婚，有着家室负担，便接受了赵南公的引荐，于九月底去安庆，任法政专门学校英文教师。

郁达夫的第一个小说集《沉沦》，就是在他去安庆之后不久，由泰东图书局作为"创造社丛书"第三种发行出版的。第一种为郭沫若的《女神》，第二种是朱谦之的《革命哲学》。

　　郁达夫将在安庆法政专门学校任教期间的有关生活体验，写成了中篇小说《茫茫夜》，于一九二二年五月一日登载在《创造》季刊的创刊号上。刊物一经问世，立即受到文学界与青年读者的广泛关注与欢迎，甚至为满足读者的需求，创刊号于六月份又以横排本再次重印出版。其中郁达夫的《茫茫夜》又一次吸引了诸多读者，正如郭沫若在后来写的《创造十年》中提到《创造》季刊创刊号时所说："单是《茫茫夜》的一篇已经是拍案惊奇的大文字了。"

　　《创造》季刊初战告捷，加之三种文丛的出版发行，大大提高了创造社的文学声誉与地位。从此以后，以郁达夫、郭沫若为代表的创造社和新文坛的另一社团——文学研究会并驾齐驱，分别以浪漫主义和现实主义的创作特色，构成新文学史上两大重要的文学派别。

　　郁达夫在一九二二年初从安庆放寒假回上海，将《创造》季刊创刊号编定发稿，便于三月一日去日本参加帝国大学的毕业考试。原来，日本高校当时有条不成文的规定，学生上不上课，校方并不严加管束，只要考试及格，获得学分就行。所以郁达夫才能依照自己的兴趣，回国从事文学活动。四月，郁达夫取得了东京帝国大学经济学部经济学科的学士学位，随即又在"帝大"文学部办理了言语学科的学士免试入学手续。他本想继续在"帝大"攻读文学学位，但郭沫若、成仿吾他们在上海又催着他回来，于是一九二二年七月中旬，郁达夫离开日本回国，正式结束了长达九年的日本留学生涯，那时的郁达夫实足二十六岁，风华正茂，却已成为新文坛中赫赫有名的作家了。

郁达夫回国之后，先到上海，与郭沫若他们一起住在哈同路民厚南里泰东图书局编译所。《创造》季刊筹备期间在《时事新报》上登出的《出版预告》中曾说过，国内"新文艺为一二偶像所垄断"。应该说，这种提法显然带有初出道者的少年意气。这时，郁达夫为消除两个文艺团体的隔阂，便倡议在郭沫若新诗集《女神》出版一周年之际，召开纪念会，邀请文学界各方人士参加，用于增进了解，联络感情，加强队伍的团结。果然，这一建议得到文学界朋友的广泛支持。会议在上海一品香旅社召开。八月五日，前来参会的文学界朋友很多，文学研究会的成员，如沈雁冰、郑振铎、庐隐、谢六逸等都出席了会议。这是文学研究会与创造社两大团体成立一年多以来，第一次以团结融洽的姿态一起出现于文坛，对于中国新文学的发展，无疑起着积极的促进作用。

旧时的文人，单靠卖文为生，实在有朝不保夕之虞。在上海主持创造社两个月不到，迫于生计，郁达夫再度去安庆法政专门学校任教。这回，他带着早已怀孕的妻子孙荃一同前往。也是在那里，他们的第一个儿子龙儿出生。第二年，也即一九二三年的四月，才重返上海。

这一时期，郁达夫、郭沫若、成仿吾同在上海，共同服务于《创造》季刊，心力最齐，成绩也最大。在季刊出版一周年时，他们又办起了一种小型灵便的《创造周报》，仍然由泰东图书局发行。郁达夫作为周报的编辑之一编稿、发稿，同时也为其写稿，小说《青烟》、论文《文学上的阶级斗争》及译文多篇都先后发表在周报上。

这一时期，创造社的社会影响大增，声誉日隆。这时，上海《中华新报》的主笔张季鸾向他们提出，希望他们在他的《中华新报》上每天编半版文艺副刊，并且声明编辑权在创造社，报社则每月付给他们一百元的编辑费。郁达夫、郭沫若、成仿吾编的季刊、周报，虽由泰东图书局出版，但泰东却从不给他们稿费或编辑费，更别提工资了，只是时常五元、十元不等地给他们一些零用钱。他们完全凭着热情与勇气，凭着对文学的执着与热爱，苦苦地奋战在文艺战线上，如果没有从事文学事业的远大理想与抱负，没有高尚的道德情操和持之以恒的献身精神作支撑，是万难坚持下去的。

尽管有崇高的精神力量撑持着他们，但同时他们毕竟也承受着巨大的经济压力。因而，当《中华新报》的提议放在他们面前时，确实不能不令人心动。

郁达夫与成仿吾想得比较单纯。他们考虑增出一个日刊，能扩大读者群，增强创造社的影响力，同时也能开辟稿源，吸收一些外来稿件，而且在经济上还能有所贴补。郭沫若似乎更为冷静、客观，他担心的是日刊的发稿量大，怕创造社的摊子铺得过大，力量不足。最后，他们采用了简单的表决法，以多数人的意见为准，最终接受了为《中华新报》编副刊的提议，并将刊名定为《创造日》。至此，创造社同时编辑《创造》季刊、《创造周报》及《创造日》三种刊物，创作力量也都集中于上海，创造社步入了历史上的全盛时期。

郁达夫在这一时期的创作力也很旺盛，轮流地为三个刊物撰稿，中篇小说《茑萝行》和名篇《春风沉醉的晚上》都是在这一阶段发表的。后来他在《五六年来创作生活的回顾》一文中，谈起"一九二三年的一年，总算是我的 most productive 的一年，在这一年之内，做的长短小说和议论杂文，总有四十来篇"。由此可见当时郁达夫工作之忘我。

这一群文化人虽然生活拮据，可是为了文学事业的繁荣，自愿走在一起，苦干实干拼命干。清贫的物质生活非但没有吓退他们，相反，丰富充实的精神生活促使他们更为齐心，常常在一起苦中作乐。当郁达夫与郭沫若、成仿吾、邓均吾等创造社的朋友们在一起，为了杂志的供不应求、一版再版忙得不亦乐乎之后，大家总会聚在一起，为一些生活中的趣闻逸事谈得畅怀大笑。

有一天在哈同路民厚南里郭沫若的前楼住所，不大的房子里先后来了十几个年轻人。原来，这天是郭沫若请客。可是，他的日本夫人安娜不会烧中国菜，便邀请郁达夫的夫人孙荃来给他们做菜。孙荃是位恪守传统的南方女子，以为这场请客，主人家已配齐了各色菜肴，单等她去下厨。到了郭沫若家的厨房里一看，呆了，除了成仿吾从湖南老家带来的一大块腊肉以外，就是几十只鸡蛋，这能做什么菜？安娜新从日本来，完全不通汉语，更不能与操着一口浙江方言的孙荃交流思想。按照几位男士的意思，孙荃先将大块腊肉上锅清蒸，然后对付那几十只鸡蛋。要油要盐，与安娜说不通，全靠郭沫若跑进跑出作翻译。这么多人，鸡蛋怎么吃？孙荃就一个个地煎成荷包蛋，好吃又好分配。更可笑的是，当蒸好的一大块腊肉切开后端上桌去，这批文化人，竟高兴得"斯文扫地"，一个个用手代筷，抓起来就吃，一大块腊肉不大一会儿工夫就被他们风卷残云般干光了。看到这十几位朋友狼吞虎咽的情景，孙荃在一旁又一次地呆了——长这么大，从没见过这样请客吃饭的。

　　创造社的成员经过两三年的苦战，事业的发展虽已如日中天，但另一方面，经济的重负也委实对他们构成了严重的压迫。除了《中华新报》每月一百元的微薄津贴外，无一点固定的经济收入。而三个刊物所需的大量稿件，则责无旁贷地落在了他们几个人的身上，加之这文坛的新进一派还时不时地要遭受一些人的批评或反对，意气正盛的他们每每都要挤出时间来打笔墨仗，苦战恶斗几年，身心疲惫，矢穷弦尽，他们深感难以为继。正在此时，郁达夫接到北京大学陈启修先生的来信，信中说他要去苏联讲学，邀请郁达夫去北大任课，接替他讲授统计学。

在郁达夫去不去北大的问题上，创造社几位主要成员的意见很不统一。郁达夫的内心是矛盾的，从创造社的事业计，中途撒手，似乎不通情理，但精神与物质上都受到极大的胁迫，这一事实却难以变更。他想来想去，觉得"不应该分散而实际上不分散也没有办法"（郁达夫《一封信》），何况他去北京就业，可将自己的一份收入分给留下的人，多少可减轻一点大家的经济压力，所以最后还是倾向于走。成仿吾同意达夫的想法，郭沫若则不以为然，他希望达夫留下。但最后郁达夫仍然作出了去北京的决定。于是出现了一幕郁达夫小说《离散之前》里所描绘的悲凉与凄惶的场面。小说中的主人公于质夫、邝海如和曾季生，便是郁达夫、郭沫若和成仿吾的化身。从他们不得不离散的悲剧性遭遇可以看出，新文学创业者的艰难困苦与敬业精神。

一九二三年十月，郁达夫告别众友，乘上了北去的列车。在北京，他住在大哥郁曼陀的家里，除每周两小时统计学的课程之外，十分清闲。

　　人怕的就是清闲。郁达夫在上海辛苦备尝地忙了几年，拼命地干活，拼命地做文章，并且还做出了成绩，做出了影响。如今离开事业，离开朋友，一人独自闲散下来，其内心"无穷限的无聊和无穷限的苦闷"是可想而知的。

　　当时还是个小学三年级学生的郁达夫的侄女、郁曼陀的长女、当代著名画家郁风，曾对这个时期的生活回忆道，那时三叔常喜欢带她去河沿散步，北京人叫"遛弯儿"。出了他们住的巡捕厅胡同往西，穿过一条胡同，出阜成门，过了摆渡就走上了两岸垂杨的护城河边了。小郁风撒开脚丫在前飞跑，郁达夫喊着她小名在后面追赶，笑声咯咯，开心极了。然后做叔叔的从口袋里掏出方才在路边买的花生米，有时还带上一小瓶白干，叔侄俩有滋有味地吃起来。间或郁达夫同河边钓鱼的农民聊天，谈今年的收成，谈他们的家境，直到晚霞染红了河水的时候，他俩才牵着手走回家去。喝过几口酒的达夫在回程路上，常常用他那沙哑的嗓子哼起老生的京腔，声音凄怆哀痛，小侄女每每至此，都害怕三叔要大声地哭出来呢。

其实，这哀切的哭腔，才是郁达夫彼时彼刻郁闷心情的真实流露。当时，他在给沫若和仿吾的书信体散文《一封信》中，痛切陈言了自己的这份苦闷：

为消减这一种内心苦闷的缘故，我却想了种种奇特的方法出来。有时候我送朋友出门之后，马上就跑到房里来把我所最爱的东西，故意毁成灰烬，使我心里不得不起一种惋惜悔恼的幽情，因为这种幽情起来之后，我的苦闷，暂时可以忘了。到北京之后的第二个礼拜天的晚上，正当我这种苦闷情怀头次起来的时候，我把颜面伏在桌子上动也不动的坐了一点多钟。后来我偶尔把头抬起，向桌子上摆着的一面蛋形镜子一照，只见镜子里映出了一个瘦黄奇丑的面形，和倒覆在额上的许多三寸余长，乱蓬蓬的黑发来。我顺手拿起那面镜子向地上一掷，啪的响了一声，镜子竟化成了许多粉末。……我方想起了这镜子……是我结婚之后，我女人送给我的两件纪念品中的最后的一件。……我呆呆的看了一忽，心里忽起了一种惋惜之情，几刻钟前，那样难过的苦闷，一时竟忘掉了。自从这一回后，我每于感到苦闷的时候，辄用这一种饮鸩止渴的手段来图一时的解放，所以我的几本爱读的书籍和几件爱穿的洋服，被我烧了的烧了，剪破的剪破，现在行箧里，几乎没有半点值钱的物事了。

一个人的苦闷到了非毁灭美好而不足以遏止的境地，其内心所受煎熬之深、痛楚之剧，恐怕其他任何人都难以感同身受地体会到。伟大的作家，都以创作为生命，文学在这时成了郁达夫生命中最重要的精神元素，当他一旦离开了文学，理想破灭，精神受挫，一时又如何承受得了呢？认同了这一点，对于他的那种极度消沉的心理和自虐的行为，也就不难理解了。这一时期，正逢北京《晨报》创办五周年。在五四新文学运动中，《晨报》为新文学的繁荣立下过汗马功劳，许多新文学作家的作品都在这份刊物上发表过，女作家冰心的第一篇小说《两个家庭》和第一首无标题白话小诗都是由《晨报》首次介绍给广大读者的。这次五周年创刊纪念，《晨报》约请了梁启超、李大钊、鲁迅、周作人、马寅初、钱玄同、徐志摩、林语堂、刘海粟等撰稿出纪念增刊，约到郁达夫时，他竟以一篇未定稿的《人妖》去塞责，由此可见他当时消沉的精神状态。

一九二四年的冬天，郁达夫在北京还与沈从文有过一次不寻常的会见。

当时的沈从文才是个二十岁出头的文学青年，从湘西乡下来到北京求学，租住在沙滩附近的一个公寓里。屋子是由一间贮煤间改造的，十分潮湿，长年有霉味。

那年冬天，天冷得出奇。这所西向的小房间里的蛰居者没有钱，买不起棉衣，更生不起炉子，住在里面简直像在冰窖里似的。那时的沈从文刚学写作，稿子投出去，没有一家刊物愿意刊登。有一回，一位在当时颇有名气的作家当着众人面，说着刻薄的讽刺话，将沈从文的稿件扔进了字纸篓。年轻的沈从文一筹莫展，想起了郁达夫，便向他发出了一封求援信。

在一个雪花飘飞的上午，郁达夫寻到了沈从文的住处，看到一个大孩子式的青年，浑身瑟缩着，双手冻得发肿，身上正裹着一条棉被，坐在桌旁写作。当郁达夫问明了眼前这位青年正是沈从文时，立即热情地说："哎呀，你就是沈从文，你原来这么小。我是郁达夫，我看过你的文章，好好地写下去……”

沈从文没想到，自己这么个不知名的文学青年写了一封信，竟会使当时文坛很有名气的大作家亲自上门来看他，内心十分激动与惶恐，一时竟一句话都说不出来，只在那儿微微地发抖。

郁达夫见他身上只套着两件夹衣，随即将自己围着的一条浅灰色大羊毛围巾取了下来，披在了沈从文的肩上。

他们两个人的谈话自然离不开文学。尽管当时的郁达夫自己也未曾从文学的苦闷中走出来，但他却点燃了一个文学青年心中的火，并鼓舞着他步入了神圣的文学殿堂。

公寓的大厨房里传来了勺打锅边的炒菜声。郁达夫得知沈从文没在公寓吃包伙后，立即邀他去附近的一个饭馆吃饭。饭后两人复又回到那间冰窖似的小屋内继续谈话。下午，郁达夫才匆匆赶去北大上课。小屋内的沈从文捧着郁达夫留下的羊毛围巾和吃饭剩下的三元多钱感慨万千，不禁伏在桌上失声哭了起来。

这件事，沈从文一辈子也没有忘记。他后来成了著名的作家、教授，也时刻未曾忘怀。

当天晚上，郁达夫写下了著名的散文《给一位文学青年的公开状》，字里行间，充满了对黑暗现实压迫的控诉和极度愤懑之情。

郁达夫离沪去京不久，他自编的《茑萝集》作为创造社的第三种"辛夷小丛书"由泰东图书局出版。

如果说一九二三年以前，郁达夫的小说可概括为"沉沦"期的"性的苦闷"的话，那么自一九二三年《茑萝行》发表，他的作品就开始直接诉说"生的苦闷"了。这篇自叙传小说，反映了一位归国留学生既受无情的生活重负的压迫，又饱受封建包办婚姻之苦，不满现状，又难以摆脱，不甘麻木，又无力自拔，陷入了极度的矛盾之中。主人公无奈地喊出"啊啊，我的女人，我的不能爱而又不得不爱的女人！"，击中了当时无数深受封建婚姻之累的青年的思想痛处。最后，作品一针见血地指出，造成主人公物质贫困与精神苦闷的责任是当时的"国家社会"。

发表于这一时期的另外两个短篇《春风沉醉的晚上》和《薄奠》，展现了作者创作视野的拓宽，由对知识阶层苦闷的描写，延伸至对底层百姓生活、情感的深切关注。

《春风沉醉的晚上》中，失业的知识分子"我"与烟厂的女工陈二妹毗邻而居。陈二妹整日干着繁重的体力劳动，经常被迫加班加点，父亲早逝，无人保护，还要时时提防着工头和一些坏人的人身侮辱。这个苦命的弱女子自身的困难与麻烦已经够多了，却还经常关心邻居"我"，施以食品，劝其戒烟。当她发现穷书生"我"每每夜半出门，怀疑他出外干坏事时，便好心地规劝他改过。穷书生却因经济陷入困顿，在已是春风沉醉的季节，还不得不穿着棉袍于夜晚出去投寄文稿，呼吸新鲜空气。作品在较为广阔的背景下，写出女工与"我"同为"天涯沦落人"的悲剧命运。

　　小说《薄奠》写一个车夫的劫难。他一辈子拉车，攒不上钱来买辆旧车，以免除车厂主的剥削，最后在一场大水中丧了生。身为街坊的"我"出于同情，应丧妇之请，买了辆纸糊的人力车去坟上焚化给死者，聊作薄奠。

　　女工与车夫都是生活在最底层的劳动者，作家以客观写实的态度表现他们的命运遭际。朴实的素描，简洁的线条，生动而又传神，两个劳动者的形象意义完全可以同鲁迅、叶绍钧笔下的有关人物相媲美。

这一时期，郁达夫时时为生计所迫，个人生活潦倒落魄，"生"的苦闷时时紧逼着他，因而对同为天涯沦落人的平民百姓的苦难遭遇感受真切，深表同情，同时也对他们诚实、善良、关心他人等安身立命的思想闪光点加以褒扬与讴歌。由此可见作家在这一时期思想情感的深刻变化，他笔下的主人公已经开始摆脱早年的软弱、颓唐等弱质，寻找新的道德支柱了。

郁达夫离开上海之后，当年冬天《创造日》刊出一百〇一期后便停刊了。第二年（一九二四年）二月，《创造》季刊也宣布停刊。剩下一份在读者群中影响最大的《创造周报》维持到五月，出了五十二期后，终因人手与稿源短缺也被迫停刊。前期创造社第一阶段的活动至此也宣告结束。

脱离"创造"

在北京教书的郁达夫内心十分孤寂凄清，除了有作家暂时告别创造社及他的朋友们所引发的惆怅与苦恼之外，另一原因，便是作家对黑暗社会、腐败政治的不满与愤懑。他在散文《给沫若》中说出了自己对北京的感受：

美丽的北京城，繁华的帝皇居，我对你绝无半点的依恋。你是王公贵人的行乐之乡，伟大杰士的成名之地！但是 Sodom 的荣华，Pompey 的淫乐，我想看看你的威武，究竟能持续几何时？问去年的皓雪，而今何处？——But where are the snows of yesteryear?——像我这样的无力的庸奴，我想只要苍天不死，今天在这里很微弱的发出来的这一点仇心，总有借得浓烟硝雾来毁灭你的一日！杀！杀！死！死！毁灭！毁灭！我受你的压榨，欺辱，蹂躏，已经够了，够了！够了！……

显而易见，郁达夫非常想离开北京城。一九二四年五月，当他去上海处理《创造周报》的善后事宜时，本想趁此机会脱离那"万恶贯盈"的北京，来上海另谋生路，但是上海也难尽如人意，只得暂去富阳家中小住后再回北京。

在富阳家中，有个小小的插曲又触动了郁达夫那敏感的神经。

有一天晚上，达夫在堂上陪老母喝酒。酒兴上来，忽然想起口袋里有张北京侄儿的照片，便取出给母亲看。这时妻子孙荃拉着他们的龙儿从厨房里膳毕出来，看到北京三岁的侄儿穿着一身美丽的小洋服，赞美得不得了，便顺口对自己的儿子说："龙儿，你要不要这样的好洋服穿？"龙儿那年也是三岁，看到照片上别人穿的小洋服，虚荣心自然立即膨胀起来，热烈地嚷着："要！要！"郁达夫酒喝多了些，故意放大声音对儿子说："没有！"年幼的儿子以为是大人骂他，大哭了起来，奶奶、父亲、母亲怎么哄他都收刹不住。后来奶奶生起气来，对他道："你这孩子真不听话，穿洋服要前世修来的呀，哪里讹诈就诈得到的呢？你要哭且向你的爸爸去哭，我是没有钱做洋服给你穿！"孩子无理哭闹，郁达夫本已不太耐烦，听了母亲的这番话，不觉羞恼万分，随即对着儿子脸上打了两巴掌，龙儿狂叫起来，一家人不欢而散。夜深人静时，达夫上楼就寝，儿子虽已睡熟，但脸上的指痕红红的，肿起了老高。郁达夫不免暗恨自己刚才落手太重，不能怪宝宝不好，是做父亲的没有能力挣钱给儿子穿洋服。

受了这一刺激的达夫，在故乡再难久住下去了，只得强打精神，再次回到那深感"岁月悠长"的北京去。

这一年，郁达夫的妻儿从浙江老家来到北京。一家人在兄长郁曼陀家住了个把月后，便搬到什刹海北岸的一所小房子里去住了。院子里有两棵枣树、一架葡萄。什刹海那儿是个游乐场，各式江湖艺人多在那里卖艺，四周布满了北京的传统小吃：撒白糖的莲藕，清香的荷叶粥，冰冻的柿子酪，酸辣的凉粉，每至节假日，吸引着无数市民前来逛街。曼陀一家在星期日也常去什刹海闲逛，晚饭通常是在达夫家吃。饭后，大家搬出椅凳放在葡萄架下，大人们喝茶聊天，孩子们则在院子里捉萤火虫玩。弟兄两家人在一起融融乐乐，过得十分闲适惬意。

第二年年初，北京大学的石瑛去武汉接任武昌师范大学校长，郁达夫随之去武昌师大担任文科教授。达夫他们到武昌时，不想第一个去接他的竟是阔别三四年不见的被称作创造社"四大金刚"之一的张资平。

地质专业出身的张资平这几年在广东蕉岭的一座矿山当技师，同时又在一所中学兼课，在那里结了婚，生了儿子，日子过得也还安逸，人到中年，便发福起来，长得胖墩墩，身材似乎也矮了两分。如今，他在武昌师大担任生物系的教授。

老朋友相聚，最为关心的自然是他们共同感兴趣的文学事业。两人便商议要恢复创造社的工作。吸取以往的教训，他们又动议要自己办个出版部，自由自便，免受书商的中间剥削。正议论着，成仿吾也从湖南来到武昌，更多了一位志同道合的朋友，三人商议决定筹办出版部，便在武昌拟章程、集股金，让郭沫若、周全平等人在上海联系奔走有关事项。

十月中旬，武昌师大校园里国家主义派和一些守旧势力沆瀣一气，气焰嚣张，郁达夫气愤不过，回到北京。本想就此离开武昌，后"碍于朋友的面子"，复去武昌将课程结束后方才辞职离去。后来郁达夫在一篇文章中对当时的情况这样追述道：

十几年前，我在武昌大学教书。当时有几个湖北的学棍，同几位在大学里教《东莱博议》《唐诗三百首》的本地末科秀才，结合在一道，日日在寻仇想法，想把当我们去后，重新争得的每月几万元学款，侵占去分肥私用。这几位先生的把持学校，压迫和贿买学生的卑鄙丑恶，简直同目下在我们近旁的一家学店，差仿不多。我的所以要把学府叫作学店者，就因为当事诸公，实在是明目张胆，在把学校当作升官发财的钱庄看的缘故。我看得气起来了，觉得同这一种禽兽在一笼，同事下去，一定会把我的人性，也染成兽色。因而在有一次开会的席上，先当面对它们——那些禽兽——加了一场训斥，然后又做了一篇通讯，把它们的内幕揭了揭穿，至于我自己哩，自然是袯被渡江，顺流东下了。(郁达夫《追怀洪雪帆先生》)

郁达夫辞职后从武昌去了上海，与朋友们为创造社出版部的成立不断地奔忙。由于身心的疲劳与忧虑，加上原来孱弱的体质，不久即咯血，经检查，得了肺结核病。肺病在当时可算是个绝症，青霉素尚未被发现，病人最为需要的是在良好的自然环境里静养和加强营养。于是郁达夫于一九二五年底进了杭州肺病疗养院疗养。

　　几个月后，即一九二六年的二月，郁达夫从疗养院出来时，郭沫若、周全平他们已经将出版部的准备工作大致完成，租下了闸北宝山路三德里的一幢老式楼房做出版部的部址。郁达夫的病体虽未痊愈，但他蓄积了一年多的劲头此时终于全数使了出来。他积极承担《创造月刊》的编辑工作，并执笔撰写了创刊号上的《卷头语》。在《卷头语》中郁达夫提到"重兴"创造的原因有三：一是想以他们的工作"慰藉人生于万一"；二是想以他们的真情，召聚和他们一样"真率的人"；三是试图"为天下的无能力者被压迫者吐一口气"。总之是想以他们的"微弱的呼声，来促进改革这不合理的目下的社会的组成"。同时，又将《洪水》半月刊从光华书局接了过来编。前期创造社第二阶段的活动至此又全面复苏。

　　一九二六年这一年，文坛上出现了大批作家南徙的特殊现象。这是因为北洋军阀政府加紧对人民的镇压。"三一八"惨案更激起了全国人民的极大愤慨，北京女子师范大学的刘和珍、杨德群等学生也惨死在段祺瑞执政府的屠刀之下。当时在女师大执教的鲁迅在他的杂文《无花的蔷薇（二）》中痛切指出，这是"民国以来最黑暗的一天"。北洋军阀政府的政治压迫与文化限制（当时的教育总长兼司法总长章士钊，在全国报刊均已刊用白话文的情势下，公然于一九二五年跳将出来，提倡文言文，反对白话文，又一次掀起复古逆流），迫使大批文化人纷纷南下。

　　与北方的黑暗政治相映照，以广州为中心的南方却处于群情激昂的亢奋状态。国民革命军已开始在广州集结，准备誓师北伐，广东已成为大革命的策源地。郁达夫等人在上海，自然也受到了南方革命气息的感染，很想为革命做一番切实的工作。适逢此时，郭沫若接到广东大学（一九二六年八月更名为"中山大学"）的邀请，让他去当文科学长。郭沫若便邀郁达夫同行，任广东大学的文科教授。于是将创造社的事务交割了一番，郭、郁与刚从法国归来的王独清三人一同去了广州。成仿吾其时正在黄埔军校任政治教官，此外在广州的还有郑伯奇、穆木天等人。于是，他们又议决在广州设立创造社出版部分部，并由郁达夫兼顾这份工作。

六月，就在革命军誓师北伐前夕，郁达夫接到了北京的来信，云龙儿病重，望其速归。待到郁达夫赶至北京时，龙儿已不幸亡故。

郁达夫十分钟爱自己的长子。万没想到这个活泼可爱、年仅五岁的孩子，竟患了脑膜炎不治身亡，这对他的打击实在太大了。在长兄家小住了几日之后，他便与孙荃搬回什刹海自己的小院去住了，为的是能在那里重新拾起与爱儿生活在一起时的记忆。

最勾起达夫恋儿情思的，是院子里的那两棵枣树。去年采枣子的时候，儿子站在树下，兜起了大褂，仰头笑看树上的父亲。每当父亲摘下一颗枣子，丢入他的大衣兜里，儿子的哄笑声总要持续三五分钟。今年，这两棵枣树又结满了青青的枣子。每到半夜时分，夫妇俩躺在床上怀念儿子，在那幽幽的谈话中间，最怕听的就是风起后熟极的枣子辞枝自落所发出的坠落之声。

有一天，正在房中午睡，孙荃骤然从床上跳起，光脚跑进起居间，又掀帘跑到院子里去，四处寻找着什么。达夫追随出来，只见妻子呆立了一会儿，然后抱住他放声哭了起来。哭完之后，才告诉达夫，她在半醒半睡之间，分明听见"娘！娘！"的叫声，她坚定地说："的确是龙儿回来了。"

那一年的夏天，他们就是在追忆、悲叹及幻梦中度过的。心绪的悲怆及痛楚，逝去了的龙儿的音容笑貌，后来均被郁达夫记述在散文《一个人在途上》中，令人读后唏嘘不已，掩卷难忘。

郁达夫此次返京住了三个月，回到广州，仍然被聘为文科教授，并兼任中山大学出版部主任。但是上海的创造社出版部此时因郭、郁离去，缺乏首脑，出现杂志停刊、账目不清的混乱现象，因此，在广州的同人们（除郭沫若已参加了北伐宣传工作外）一致公推郁达夫回上海整顿出版部。郁达夫接受大家的建议，辞去了中山大学的教职及出版部主任的工作，回到了上海。

离别广州前夕，郁达夫在殷殷的友情中，度过了他的三十岁生日。但是被称为"革命策源地"的广州，在郁达夫的眼中，却并不"革命"。他在离别前十二月十四日的日记中这样写道："行矣广州，不再来了。这一种龌龊腐败的地方，不再来了。我若有成功的一日，我当肃清广州，肃清中国。"

在大革命的高潮中，郁达夫极其敏锐地觉察到潜藏于革命表象下的龌龊与腐败，倘若没有清醒冷静的头脑和对现实的深刻的洞察力与判断力，是不可能有这种认识的。郁达夫走后，鲁迅来到广州不久，即从当时沸腾热烈的表面现象中一针见血地指出"红中夹白"的危险。数月后，广州继上海的"四一二"反革命政变后，随即发生了"四一五"清党事件，国民党大肆捕杀共产党人和进步人士。在《〈鸡肋集〉题辞》中，郁达夫说道："在那里（指广州）本想改变旧习，把满腔热忱，满怀悲愤，都投向革命中去的，谁知鬼蜮弄旌旗，在那里所见到的，又只是些阴谋诡计，卑鄙污浊。一种幻想，如儿童吹玩的肥皂球儿，不待半年，就被现实的恶风吹破了。"

一九二七年一月，回到上海后，郁达夫立即做了篇政论文章，题目叫《广州事情》，对国民政府中各级官吏的施政思想、行为操守等种种弊端作了鞭辟入里的揭露，尖锐指出："这一次的革命，仍复是去我们的理想很远。我们民众还应该要为争我们的利益而奋斗。"并提醒民众，务必早日消灭"目下的这种畸形的过渡现象"。一九二七年三月下旬，北伐军进驻上海，郁达夫再次敏锐地感到革命成果有被篡夺的危险，就在"四一二"政变的前四天，他发表了另一篇政论文章《在方向转换的途中》，指出"破坏我们目下革命运动的最大危险"，是"封建时代的英雄主义"（指蒋介石的独裁专制），号召打倒革命队伍中的新军阀、新官僚和新资产阶级，而且还进一步提出"真正彻底的革命，若不由无产阶级者——就是劳动者和农民——来做中心人物，是不会成功的"论断。此后，郁达夫又接连发表了几篇政论文，充分体现了他在革命关键时刻对国家民族命运的深切关注，表现出强烈的爱国热忱和无私无畏的战斗精神。

回到上海，郁达夫就对创造社出版部进行了整顿，并立即编就了《创造月刊》和《洪水》的两期稿子付梓。在这些刊物上，郁达夫再次重申创造社的宗旨，是表达"无产阶级对资产阶级的不平与攻击"，指出当前时代所需要的文学，"不是仅仅乎煽起一点反抗的心情，或叫喊一阵苦闷的那一种革命先驱的文学"，而"是烈风雷雨般的粗暴伟大，力量很足，感人很深的文

学"。（郁达夫《〈鸭绿江上〉读后感》）

郁达夫这些痛贬时弊、攻击反动当局的文字，使国民党对他既恐惧又仇恨，他们变着法子对他进行引诱与威逼。在"四一二"反革命政变前的三月二十八日，有人转告郁达夫，当局有意让他去接收东南大学，他不为所动，予以拒绝。"四一二"政变后一个月，白色恐怖笼罩着上海，在一次宴会中，又有人对郁达夫说，"当局可以保证创造社的不封"，但作为交换条件，希望他"去为他们帮助党务"。对此郁达夫不假思索地断然拒绝。又过了几天，郁达夫在新新酒楼吃饭时说："主人李君极力想我出去做个委员，我不愿意。后来他又想请我教周某及其他几个宁波新兴权势阶级的儿子的书，我也没有答应。"几次诱惑郁达夫都没有接受，反动当局终于露出凶相，于五月二十九日无故搜查他所主持的创造社出版部，并逮捕了三名职工。郁达夫因事先听得风声，趋避杭州，六月二十五日才又潜回上海，继续主持出版部的工作。

敌人的威逼利诱、软硬兼施，并没有使郁达夫屈服，相反，他的思想更为执着，斗志更为坚定。但他不能忍受的是自己营垒里的同志对他说长道短、无端指责。他们认为郁达夫不该发表那些批评当局的文字，进而连累了创造社。郁达夫对伙伴们的这种书生见解很有想法，因此一九二七年八月十五日，他同时在《申报》和《民国日报》上刊登了一则《郁达夫启事》，声明脱离创造社。

之后他在《对于社会的态度》一文中，较为详细地说明了他与创造社脱离关系的原因：

> 我的要和创造社脱离关系，就是因为对那些军阀官僚太看不过了，在《洪水》上发表了几篇《广州事情》及《在方向转换的途中》等文字的原因。当时的几位老友，都还在政府下任职，以为我在诽谤朝廷，不该做如此的文章。后来又有几位日本文艺战线社的记者来上海，我又为他们写了一篇更明显的《诉诸日本无产阶级》的文章，这些文字，本来是尽人欲说的照例的话。而几位老友，都以为我说得过火了。……我看了左右前后的这些情形，深恐以后再将以文字而召祸，致累及于创造社出版部的事业经营，所以就在去年八月十五日的《申报》《民国日报》上登了一个完全与创造社脱离关系的

启事。这是我和创造社所以要分裂的实情实事。

　　郁达夫离去后不久，郭沫若与成仿吾从前方回到上海，新从日本回来的几位归国留学生冯乃超、李初梨、朱镜我、李铁声、彭康等人被吸收进创造社，正式开始了创造社的后期活动。嗣后，他们又与新成立的太阳社一起，倡导无产阶级文学，五四新文学从此步入了左翼文学的创作阶段。

畏友鲁迅

　　中国新文学史上两个影响最大的文学社团——文学研究会和创造社之间，早先曾有过一些误会，两派的作家们彼此往来甚少。唯独郁达夫与鲁迅二人间的神知深交，成为流传于新文坛的一段佳话。

　　郁达夫为人随和、直率。当年他由日本抵达上海不久，便借《女神》出版一周年纪念活动之际，热情邀请沈雁冰、郑振铎等文研会作家前来聚会，改善了彼此间的关系。一九二三年秋，他应聘去北京大学担任统计学讲师时，有机会结识了当时也在北大兼课的鲁迅，从此，这两位文学大师便结下了深厚诚挚的友情。

　　郁达夫十分推崇鲁迅，无论是学养、人格、器识、才情，都钦佩之至。鲁迅认为达夫"稳健和平"，在创造社诸作家中，唯有他没有那股子"创造气"，欣赏他的正直与直率，认为他的颓唐只是伪装，实质上是一位"好作家"。两位文学家以往虽未曾谋面，但一见之下，都被对方的学识、才具，尤其是高尚的人格精神所吸引。导致两人迅速熟悉的主要话题，便是关于中国古代小说的讨论。尽管郁达夫比鲁迅小十五岁，但这绝不影响他们之间的倾心交流，广博、精深的学识与造诣，使他们在相当广阔的学识领域内找到共同的语言与讨论的可能，至于索句、赠书、赋诗等，更成为他们日常交往的内容之一。

郁达夫记得初次去鲁迅家，是在鲁迅与他的兄弟周作人失和之后。鲁迅住在北京西城区的砖塔胡同。那时鲁迅在教育部里当金事，分管文化方面的工作。当时的教育部，工资只发百分之二十至三十，平时也没什么公事可办。因此，鲁迅很有工夫教书、写文章。他在北大开的课便是中国小说史。初次见面，二人谈些教员之间的闲话，或学生的习气之类。谈话之中，达夫感受较深的一点是鲁迅的幽默。

有一次，达夫在鲁迅家闲聊，忽然接到了一个要鲁迅去开会的通知，达夫随口问鲁迅忙不忙。鲁迅说，忙倒不忙，但是同唱戏的一样，每天总得到处去扮一扮：

上讲台的时候，就得扮教授，到教育部去也非得扮官不可。虽然话是这么说，但鲁迅做事，无论巨细，都十分认真、负责，扮戏之说，显然是他的一种幽默。一九二七年鲁迅在广州中山大学担任文学系主任兼教务主任，"四一五"清党后，许多学生中的共产党人与进步分子被捕杀，鲁迅四处奔走无效后，愤而辞去中山大学的一切职务。离开中山大学后，鲁迅恐受当局的压迫拘捕，在广州闲住了半年时间。对这一状况，鲁迅在抵达上海后，曾用风趣的语言对达夫叙述道："在这半年中，我譬如是一只雄鸡，在和对方呆斗。这呆斗的方式，并不是两边就咬起来，却是振冠击羽，保持着一段相当距离的对视。因为对方的假君子，背后是有政治力量的，你若一经示弱，对方就会用无论哪一种卑鄙的手段，来加你以压迫。"（郁达夫《回忆鲁迅》）鲁迅就是这样，用形象的比喻、幽默的语言，将一件分明严重的事情举重若轻地说了出来。

早在北京的时候，郁达夫就有意想与鲁迅合作，做些青年作家作品的介绍工作。后因郁达夫改去武昌执教而未能如愿。鲁迅从厦门大学应聘去中山大学任教时，除了教学工作之外，也有"一点野心"，就是想与创造社联合起来造一条战线，"更向旧社会进攻"，他再勉力写些文字。与创造社结成联合战线，实则是鲁迅与郁达夫久已有之的共同心愿，后来郁达夫在《回忆鲁迅》一文中说："他到广州去之先，就有意和我们结成一条战线，来和反动势力拮抗的，这一段经过，恐怕只有我和鲁迅及景宋女士三人知道。"（景宋女士即许广平。）所以当鲁迅于一九二七年十月抵达上海，郁达夫脱离了创造社之后，他们二人又提起了要合办个刊物的想法。

一九二八年六月，鲁迅与郁达夫合编的《奔流》杂志创刊，由北新书局刊印出版。这之后，郁达夫翻译了许多外国进步文学，刊登在《奔流》上，如苏俄的屠格涅夫、高尔基，美国的辛克莱、威尔金斯，英国的埃利斯，德国的林道、德默尔等人的一些作品。这段时间也是郁达夫一生中译作最多的时期。郁达夫这么做，按他自己的说法，是想通过"介绍些真正的革命文艺的理论和作品，把那些犯幼稚病的左倾青年，稍稍纠正一点过来"。鲁迅对达夫的译文常常推崇备至，有时便直接在"编校后记"中向读者推荐他的译作。鲁迅在主编《奔流》期间，包揽了"校对，集稿，算发稿费等琐碎的事务"。郁达夫在《回忆鲁迅》中曾如此评价道："当编

《奔流》的这一段时期，我以为是鲁迅的一生之中，对中国文艺影响最大的一个转变时期"，鲁迅"后半生的工作的纲领，差不多全是在这一个时期里定下来的"。由此可见《奔流》杂志的刊行，在中国文坛所起的积极作用。

与鲁迅合办《奔流》的同时，郁达夫又为现代书局主编了一份月刊《大众文艺》，宣称"文艺应该是大众的东西，并不能如有些人之所说，应该将它局限隶属于一个阶级的"。这样旗帜鲜明的文艺观，对纠正当时文坛某种"左"倾意识，确实起到了振聋发聩的作用。这个刊物的主要任务是向读者介绍各国进步文学和无产阶级文艺理论。鲁迅积极为该刊投寄译稿，如《贵家妇女》《农夫》《十月》等等。与此同时，郁达夫也向鲁迅主编的《语丝》周刊投寄作品，给予热情支持。这一阶段，可以说是鲁迅与郁达夫交往最多、合作关系最为密切的时期。据鲁迅日记记载，一九二八年与一九二九年，鲁迅与达夫见面、通信每年都有五十余次，多为"达夫来""得达夫信即复"，彼此互赠陈年绍酒、食物、小孩礼品或各自出版的新书等。就连鲁迅喝什么酒，郁达夫都予以关心，生怕他多喝烈性酒有碍健康。

有时达夫上午去过鲁迅家,下午两人又相见于内山书店"谈至晚",甚至两人刚刚见过面后,又收到对方来信。如此亲密的往来,并非一般意义的朋友之谊可以涵盖,他们既是事业上的亲密合作者,又是在当时那样险恶环境中"相濡以沫"的支持者,在如此深厚的共同事业基础上建立起来的情谊,确实能经受住恒久的时间考验。

一九二八年至一九三三年,郁达夫与鲁迅都积极投入了反对国民党反动统治的政治斗争。一九二八年两人都加入了由中国共产党领导的中国济难会(一九二九年更名为"中国革命互济会"),后来牺牲在南京雨花台的邓中夏、黄励两位烈士都曾是该会的领导人。该组织自一九二五年成立以后,为营救被捕的革命者、筹集款项救济被难者的家属,做了大量切实有效的工作。他们通过各种民间渠道,营救、保释了不少被反动派拘捕关押起来的革命志士与进步人士,一次又一次地给死难者的眷属送去钱、粮及御寒的衣物等。郁达夫加入该会后,发挥他之所长,与钱杏邨一起主编了一个半公开的会刊《白华》。在一九二八年十月《白华》的创刊号上,郁达夫写了一篇《〈白华〉的出现》,揭露"革命成功"

后的国民政府，除了解散工会、禁止民众运动、封闭各地学生会等，没做过什么好事，尖锐抨击国民党的独裁专制与腐败政治，希望《白华》能"化作白虹，或许也可以贯日，可以打倒日本及其他各国的帝国主义。化作长桥，或者也可以救度救度许多被压迫得没有路走的同胞"。

一九三〇年二月与三月，郁达夫与鲁迅参与发起成立了"中国自由运动大同盟"和"中国左翼作家联盟"（简称"左联"）。这两个社会团体都是在中国共产党支持下发起组织的。前者旨在反对国民党的法西斯统治，争取言论、出版、结社、集会等民主权利；后者团结与组织进步作家反击国民党反动派的文化"围剿"，推进左翼文学运动，对无产阶级革命文艺事业的发展，作出了积极的贡献。

郁达夫参加左联，其实还有过一些曲折。自从郁达夫声明脱离创造社后，后期创造社中的一些同志便对郁达夫心存芥蒂。因此，在左联召开的筹备会议上，他们不同意将郁达夫列为左联的发起人。但鲁迅力排众议，坚持将郁达夫列为发起人。其实仅凭这一点，已经暴露出左联从一开始就存在着极左的倾向和浓厚的宗派情绪。而郁达夫则是位十分诚实、率直的人。早在一九三〇年二月左联成立前，一次在孙夫人（宋庆龄）家的聚会上，他遇到了美国进步女作家史沫特莱，便说过："I am not a fighter, but only a writer."意思为："我不是一个战士，只不过是一个作家。"这句话，退一步说，也没有什么错误，他是一位作家，倘若他的作品能起到攻击旧社会、揭露反动派的作用，从客观上讲，也可以说是个战士。何况郁达夫作品反帝反封建的战斗作用，是人所共知的。他对外国女作家说这种话，也可以算是自谦。但是后来在一次左联的集会上，左联常委之一的郑伯奇主持会议，有人提出郁达夫向新月社的徐志摩说"我是作家，不是战士"，作为左联的成员，公开向"左联的敌人"（因为新月社的徐志摩等人当时曾撰文攻击革命文学）这样表示，等于自己取消资格，应该请他退出。一时间会场上的人议论纷纷，在极不冷静的情况下，当场要求表决，郑伯奇未经深思，遂附之表决。若干年后，郑伯奇在一些回忆文章里每每忆及自己当时没能制止这件事的发生，都深感内疚，追悔莫及。

的确，左联中的某些人如此匆促、草率的决定，对郁达夫的精神伤害是很大的。后来，郁达夫不顾鲁迅的劝阻，坚决从上海搬迁去杭州，原因之一便是他与左联关系的终止吧。据冯雪峰回忆，在那次表决除名郁达夫的会议上，也有四人投了反对票，冯雪峰与柔石便是其中的两位。鲁迅没有参加那次会议，事后冯雪峰向鲁迅叙说这一不合理的决定时，鲁迅说，极左最容易变右，右的也可以变化，郁达夫即使不写什么斗争文章，国民党对他也不会好的。后来党的地下文委书记朱镜我听说这一消息后，也批评了有关的几个人。而郁达夫呢，正如他此后在《回忆鲁迅》中所说，尽管他已离开左联，"但是暗中站在超然的地位，为左联及各工作者的帮忙，也着实不少。除来不及营救，已被他们杀死的许多青年不计外，在龙华，在租界捕房被拘去的许多作家，或则减刑，或则拒绝引渡，或则当时释放等案件，我现在还记得起来的，当不止十件八件的少数"。例如当时的左联成员李初梨被捕，为了营救他，郁达夫就曾为之四处奔走。

又如，一九三二年秋，良友图书公司的编辑赵家璧决定要编一套内容和形式都是国内一流的"良友文学丛书"，当时约了鲁迅，又想约郁达夫。赵家璧那时还是刚出道的青年，离开大学不久，虽仰慕文坛巨匠郁达夫，却无缘与之相识，便央求郑伯奇陪他去拜访郁达夫。郑伯奇在主持那次劝退郁达夫离开左联的会议之后，一直未与郁达夫见过面，因此在进门之前踟蹰再三，欲行犹止。但他进得门后，受到郁达夫的热情接待，几人很快就无拘无束地谈了起来。赵家璧约请郁达夫为"良友文学丛书"赐稿，郁达夫由于上半年患伤寒并发黄疸病，刚刚病愈，正准备去杭州疗养，但仍慨然允诺，并说如有所成，再通信联系。郁达夫不计前嫌，对郑伯奇如此大度，使郑伯奇深为感动。离开郁家后，他情绪极好，第二天上班时，又再三叮咛赵家璧，要给郁达夫勤去信加以催问，说有些作家的书就是被编辑"逼"出来的。

此后郁达夫确是时时记挂着要给赵家璧出一本书，并且也已写就了包括他后期代表作《迟桂花》在内的十二篇小说、散文，结集为《忏余集》，但出版者不是良友图书公司，而是天马书店。原来天马书店是左联的外围出版机构，创办于一九三二年，负责人之一是左翼作家楼适夷。书店创办之初，资金短缺，他们约鲁迅、茅盾等作家出自选集，版税都捐赠给书店。郁达夫也接受天马书店的约请，除了出过一本《达夫自选集》外，又将《忏余集》也给了天马，版税都如数捐赠。由此可见，郁达夫虽然离开了左联，但他对左联的事业是何其关心、何其支持啊！诚如他自己所述，他确实是那种"不愿担负一个空名，而不去做实际的事务"的人。

一九三二年"一·二八"淞沪抗战爆发。郁达夫特别担心鲁迅一家的安危，因为鲁迅所住的景云里离开战的天通庵只有一箭之遥，为及时打探鲁迅的消息，他专门在报上登了个寻人启事。第三天，听说和鲁迅同住景云里的三弟周建人都被宪兵殴伤了。经过好心人的安排，就在这天下午，郁达夫终于欣喜地在四川路桥南内山书店分店的楼上会见了鲁迅。在这特殊的情景下，两位挚友相见，自然是格外高兴。鲁迅仍不减平时的那份颇为幽默的微笑，对郁达夫叙述起这几天来的情况，郁达夫的寻人启事他看到了，三弟被宪兵打伤的谣传也听说了，还添加了一些与此相关、被编得有声有色的流言。他那幽默的语调、微笑的神情，简直像在述说一段与己无关的故事，听得郁达夫也不禁跟着时时露出会心的笑容来。

一般的读者提起鲁迅的作品，除了他的小说之外，最不能忘怀的是他的杂文。殊不知，鲁迅后期杂文的写作，还有一段与郁达夫有关的鲜为人知的轶事。

上海的《申报》，江浙沪地区上了年岁的人几乎都知道，即便是不识字、不看报的人也都知道有张"申报纸"，以至后来上海地区出的其他报纸，老人们也都习惯地笼统冠以"申报纸"的称呼，可见《申报》的影响之大。

《申报》是我国近代报刊史上历史最长的一份报纸，十九世纪七十年代初由一位英国人在上海创办。到了一九一二年，由爱国报人史量才接管。《申报》有个文艺副刊《自由谈》，最早由著名的鸳鸯蝴蝶派作家周瘦鹃做编辑，《自由谈》上自然充斥着一些满溢脂粉气的作品。"一·二八"事变以后，上海人民的抗日情绪高涨，史量才紧跟时代脚步，力主抗日的办报方针，为国民党政府所忌恨，唆使特务杀害了史量才。这时，新从法国巴黎大学获文学硕士学位归国的黎烈文接手了《申报》副刊《自由谈》。黎烈文思想新，有事业心，他接手副刊后，大刀阔斧地加以改革，断然终止刊用张资平在《自由谈》上连载的长篇小说《时代与爱的歧路》，在圈内外引起了轰动。这位创造社早期作家此时已沦为专写男女间三角、四角恋爱小说的"专家"，这次其作品被黎烈文无情地"腰斩",实在也是《自由谈》顺应时代社会发展需要的必然选择。

黎烈文初涉文艺圈,不认识什么人,向鲁迅约稿,就是由郁达夫代劳的。不到两年的时间里,鲁迅在《自由谈》上发表杂文一百三十余篇,加上《申报》月刊上的杂文,共一百五十余篇。这个篇数占鲁迅一生所写杂文的四分之一,后来都收在《伪自由书》和《花边文学》等集子里。鲁迅最初在《自由谈》上发表的文章,便是由郁达夫亲手转交给黎烈文的。《自由谈》成为二十世纪三十年代左翼文坛反对国民党文化"围剿"的重要阵地之一、中国报刊史上最有影响的副刊之一,它的功绩永远和鲁迅、郁达夫的名字联系在一起。郁达夫后来对此回忆道:"黎烈文初编《自由谈》时候,我就和鲁迅说,我们一定要维持它,因为在中国最老不过的《申报》,也晓得要用新文学了,就是新文学的胜利。所以,鲁迅当时也很起劲,《伪自由书》《花边文学》集里许多短篇,就是这时候的作品。在起初,他的稿子就是由我转交的。"(郁达夫《回忆鲁迅》)

此外,良友图书公司、天马书店、生活书店的《文学》杂志,最初也都是由郁达夫为鲁迅引荐而建立起联系的。甚至，鲁迅与出版社发生版税纠葛，他都请郁达夫予以调停。比如，鲁迅与北新书局之间曾有过一回不大不小的纠葛。事情的经过是这样的：上海文艺圈的人都知道，鲁迅的著作多由北新书局出版。北新书局的老板名叫李小峰，早年在北大就读时，是鲁迅的学生。一九二四年孙伏园与鲁迅等人在北京发起创办《语丝》周刊时，当时还在北大念书的李小峰便担任了《语丝》的发行兼管理印刷的出版工作。后来北新书局由北京迁到上海，李小峰的事业也愈做愈红火，但所靠的主要还是鲁迅的几本著作。随着时间的推移，鲁迅的著作愈来愈多，与北新书局之间的版税关系也日趋复杂。二十世纪三十年代的书局，前堂卖书、后堂印书的颇多，大一些的书局则另辟印书的作坊和印刷厂。作家在书局出了书，有两种收取稿酬的办法。一种是一次性卖断版权，每千字五至十元，或更多一些。另一种是定期收取版税。按照书的零售价，书局依据实际的销售数，付给作者百分之十至百分之十五的版税费，每年分两次结算，每月可定期先支付一部分钱。这种结算方法为多数作家所采纳。有些书店在作家交稿时就预付一笔版税，约二百元，自然更受到作家们的欢迎。鲁迅是以卖文为生的，为保证常年的收支平衡，他也采纳版税制。由于他文坛巨匠的地位，当时各大书局给他的版税通常都是百分之二十。北新书局对著作人支付版税一向含混。平时每月给鲁迅送上几百元的版税，到了端午节、中秋节及年节，便开一张支付的清单给他家。但到后来，每月的版税款总要拖欠，到了"三节"送来报账的款项往往又不大清楚。再后来，北新书局几乎连月款也不给，节账也不算了。鲁迅的著作颇丰，截至一九三〇年，他将北新开来的所有节账核算了一下，书局还积欠他两三万元稿酬。如今北新渐渐地自动取消了版税支付，而且大有赖账的趋势，这就迫使完全靠固定版税维持生活的鲁迅不得不求助于律师，提出法律诉讼了。

北新书局得知这一消息，自知理亏，甚至还怕引起其他著作人的连锁反应，北新的名誉受损，后果将不堪设想。他们四处托人向鲁迅说情，请他不要提出诉讼，大家设法坐下来谈判解决。

其时正在杭州写小说《蜃楼》的郁达夫，突然接到北新的电报，催他立即去上海，为调停此事出一点力。郁达夫匆忙赶至上海，几经调解，鲁迅终于应允暂时不予诉讼。北新也答应，将积欠的钱分十个月还清，新欠的版税则每月致送四百元，决不拖欠。

北新书局在事后专程设宴请了鲁迅、郁达夫、林语堂等人。席间，也许林语堂与鲁迅都多喝了几口酒，两人为一件小事争执了起来。北新原本怀疑鲁迅此次挑起诉讼事端是受了第三者的挑唆，但桌面上又不便明说。林语堂则是无意间提及那第三者的姓名，鲁迅疑心林语堂责备第三者的话是对自己的讽刺，当即铁青了脸，起座声明此事与第三者无关。林语堂也起身为自己辩解，绝无讽刺之意。酒后的人，争着辩着难免言辞激烈，此时在其间说好说歹、充当和事佬角色的免不了又是郁达夫。他先将鲁迅按着坐下，又急忙忙地拉着林语堂夫妇下楼，避开争执，迅速地平息了朋友间的一场误会。

鲁迅对青年一代的关心与培养，可谓无微不至，这方面的事例不胜枚举。例如一九二四年《语丝》创刊后，凡有新人的稿子，几乎都是由鲁迅推荐的。五四时期沉钟社、未名社的一些青年学子的文稿，他都很重视，并在必要时为之说项。

其中有件事，还与郁达夫有关。

鲁迅在离开广州中山大学赴上海时，有一位青年学生受鲁迅的影响，自愿追随鲁迅去上海。到了上海之后，鲁迅便让他一起住在景云里租赁的房子里。但这位青年大约误会了鲁迅的意思，以为鲁迅收留他，有认他做儿子的意思（当时海婴还没有出世），于是不仅理所当然地居住了下来，而且不久又带了自己的女友来同住，在他想来，女友当然是鲁迅未来的儿媳妇了。鲁迅为他们提供食宿是可以的，但衣饰及零用之类，自然负担不起。于是这位自命为鲁迅儿子的青年对鲁迅便很是不满，一定要鲁迅为他谋一个出路。

鲁迅被逼无奈，便又找郁达夫帮忙，说无论如何要为这位自定的鲁迅子嗣找一个职业，报馆的校对或书店的伙计都行。倘若找不到现成的空缺，也请郁达夫在报馆或书局为他名义上谋个职位，每月的薪水三四十元则由鲁迅出，请郁达夫代交书局或报馆，做月薪发给那位青年。

接到如此尴尬的任务，郁达夫除了对鲁迅深表敬佩与同情外，只有苦笑的份儿。苦笑之余，规劝他以后不要这么傻了。但这任务还得去完成。郁达夫便去找了现代书局的老板洪雪帆，他是郁达夫早年的朋友，是一位很有事业心的出版家，在现代书局初创维艰之时，郁达夫曾帮衬过他一把。这一回这个小忙，是鲁迅的事，又是郁达夫来说项，老板自然要给面子。于是书局尽管暂无空位，但仍同意每月与鲁迅各出一半薪水，雇用这位青年。谁知此事刚一安排妥当，那位青年却不知何故带着他的爱人径自离开鲁迅走了。

之后，鲁迅提起这类事，总爱风趣地说："青年是挑了一担同情来的。"但他们用同情强迫鲁迅付出很高的代价，受深刻的痛苦，则是一般人所不了解的。

郁达夫与鲁迅的友谊中，还有一段鲜为人知的佳话不得不提。现在大凡读过鲁迅作品的人，都会知道鲁迅那首"横眉冷对千夫指，俯首甘为孺子牛"的《自嘲》诗。但促成这首脍炙人口的名篇问世的，却是郁达夫。

一九三二年十月，郁达夫肺病复发，欲回杭州去疗养，适逢郁曼陀夫妇来到上海，便在聚丰园宴请长兄嫂，并邀鲁迅和柳亚子夫妇等三四人作陪。席间，鲁迅雅兴大作，"凑成"这首小诗，并于几日后写成条幅赠送给柳亚子。诗后还有跋文曰："达夫赏饭，闲人打油，偷得半联，凑成一律，以请亚子先生教正。"魏殷作的《"孺子牛"的初笔》一文对当时的情景作了生动的描述：

鲁迅到时，达夫向他开了一句玩笑，说："你这些天来辛苦了吧。"

"嗯，"鲁迅微笑着应答，"我可以把昨天想到的两句联语回答你，这是：'横眉冷对千夫指，俯首甘为孺子牛。'"

"看来你的'华盖运'还是没有脱?"达夫继续这样打趣。

"嗳，给你这样一说，我又得了半联，可以凑成一首小诗了。"鲁迅说。

这一段记述形象、逼真，从中也可见鲁迅与郁达夫之间熟稔密切的关系。

鲁迅去世前两月，郁达夫听说鲁迅病重，特地从福建去上海探望鲁迅，鲁迅告之以自己的病情，并说想在秋天去日本疗养，问达夫能否有机会同往，郁达夫随即表示自己也很想去那久违了的日本，看看变化中的日本社会现状，两人甚至还计议同去日本的岚山看秋日的红叶。可是，两个月后，郁达夫竟在福建听到了鲁迅逝世的不幸消息，犹如晴天霹雳!

当时的郁达夫羁留在福建，那晚正与朋友在一家饭馆聚餐。同席的一位日本新闻记者，问郁达夫收到鲁迅逝世的电报没有。郁达夫闻听此说，大为吃惊，但他以为这是同盟社造的谣。因为前不久，他俩还在上海会过面，并相约要于秋天同去日本看枫叶。鲁迅平时由于体质虚弱，时常要头痛脑热地伤风感冒，也许这回病势又重了些，以致为外界所误传……尽管心里是这样想，但他总觉得不踏实，未及终席，便离席而去。

出得门来，郁达夫匆匆赶往城里的福建报馆，晚上十点以后，正是报馆里最忙碌的时候。看了中央社的电稿，证实"著作家鲁迅，于昨晚在沪病故"的噩耗千真万确，他赶紧给景宋夫人（许广平）发了唁电，第二天一早即乘坐三北公司的靖安轮，往上海奔丧。抵达上海的那一天，正是鲁迅出殡之日，回家洗个澡，吞了两口饭，便匆赴万国殡仪馆为鲁迅送行。

这两位有着二十年深厚情谊的朋友，虽然从此"天各一方"，但鲁迅的精神却始终活在郁达夫的心里。郁达夫曾满怀深情地说道："没有伟大的人物出现的民族，是世界上最可怜的生物之群；有了伟大的人物，而不知拥护，爱戴，崇仰的国家，是没有希望的奴隶之邦。因鲁迅的一死，使人们自觉出了民族的尚可以有

为，也因鲁迅之一死，使人家看出了中国还是奴隶性很浓厚的半绝望的国家。"（郁达夫《怀鲁迅》）

世上还有什么样的缅怀性文字比这说得更透彻的呢！

爱情绿洲

郁达夫早已完婚，缘何又生出一段绿洲之爱情来？

事情还得从一九二六年底郁达夫离开广州返回上海整顿创造社出版部讲起。

一九二六年三月，郁达夫与郭沫若，还有王独清一起去广东大学（后改名为"中山大学"）任教，成仿吾当时任职于黄埔军校，加上郑伯奇、穆木天等人，除了张资平外，创造社的元老们几乎都会齐在广州了。上海的创造社出版部则由周全平、叶灵凤、潘汉年等几位"小伙计"主持日常事务。但周全平等人难以维持出版部的门庭，便吁请广州方面派人来上海解除困境，经过一番讨论，众人议定由郁达夫辞去教职回上海整顿出版部。其时，郭沫若已投笔从戎，随师北伐，成仿吾在军校任职，一时分不开身，张资平远在武汉当教授，创造社

"四大金刚"中，唯郁达夫去上海最为合宜。然而，达夫此次南下教书，是须有"厚重的薪金"的固定收入来维持夫妇两地的居家生活的。龙儿才去世不久，妻子孙荃还客居北京，如今他回到上海，又要重操旧业，以卖文为生，心情不能说是愉快的。嗣后不久，由于他发表《广州事情》一文，揭露了革命根据地广州发生的种种弊病，受到郭沫若与成仿吾的批评，自此与郭、成之间产生了不小的思想隔阂。他在三月八日接到成仿吾书信的当天，在日记中写道："我看了此信，并仿吾所作一篇短文名《读〈广州事情〉》，心里很不快活。我觉得这时候，是应该代民众说话的时候，不是附和军阀官僚或新军阀新官僚争权夺势的时候。"

　　在前行共进的道路上，一向被郁达夫视为事业的同志与挚友的郭沫若与成仿吾，如今在这革命的关键时刻，不理解自己的思想，甚至由误会而导致彼此失和，可以想见，此时此刻的郁达夫，内心的痛苦与寂寞是难以描述的。诚如当时郁达夫对一位留日时代的朋友孙百刚所说："近来我寂寞得和一个人在沙漠中行路一样，满目黄沙，风尘蔽日，前无去路，后失归程，只希望有一个奇迹来临，有一片绿洲出现。"（孙百刚《郁达夫

外传》)

偏偏在与孙百刚的偶遇中，郁达夫见到了王映霞。他的面前出现了一片生命的绿洲，并且很快就一头栽在这片爱情的绿洲上了。

王映霞本姓金，名宝琴，一九〇八年生于杭州。其父金冰孙是个机关的书记员，早年病故。童年时，金宝琴即承继给外祖父、杭州名士王二南做孙女，改名王旭，字映霞。一九二六年王映霞毕业于浙江省立女子师范学校，经级主任举荐，去温州市第十中学附属小学任教。这年年终，大革命的浪潮波及温州，北伐军与军阀孙传芳的部队交火激烈，孙传芳部连连失利，温州市里谣言四起，说要封锁海口，学校也将停课停伙等等。

第十中学高中部有位杭州籍教师孙百刚，此时正偕新婚妻子杨掌华客居温州。孙百刚的父亲与王二南为"通家世好"，杨掌华与王映霞的年岁又相差无几，半年中两人时相往来，过从甚密。到了年底，不料却遭遇这"山雨欲来风满楼"的紧张局面。一个尚未满二十岁的年轻女子单身在外，遇此风浪，自然要找"通家世好"的孙百刚做自己的保护人。因此，在阳历年前，学校提前放了假，王映霞便跟随孙百刚夫妇搭上最后一班轮船离开了温州。

当他们一行三人抵达上海后，由于沪杭线战事迫近，火车开开停停，路上极不安全，王映霞只得听从祖父的嘱咐，随孙百刚夫妇在沪上租屋暂住了下来。

孙百刚当时应一家书局之约，要写一部稿子，常去北四川路的内山书店看书或购书，在那里与郁达夫不期而遇。两人同是留日学生，如今久别重逢，便热烈地交谈起来，并相约见面。一星期后，一九二七年一月十四日，郁达夫去马浪路尚贤坊拜访孙百刚时，第一次见到了王映霞。

当天中午，郁达夫便力邀孙氏夫妇及王映霞三人乘了汽车去南京路新雅饭店吃中饭，下午又雇黄包车去卡尔登剧院看电影，晚上孙百刚做东，在陶乐村吃晚饭，尽兴而散。当天晚上，郁达夫在日记中写道："从光华出来，就上法界尚贤里一位同乡孙君那里去。在那里遇见了杭州的王映霞女士，我的心又被她搅乱了……我也醉了，醉了，啊啊，可爱的映霞，我在这里想她，不知她可能也在那里忆我？"

第二日，郁达夫又以还书为由，去尚贤坊会见王映霞，再次热情地邀他们出去饮酒吃饭。王映霞呢，显然也是对郁达夫一见倾心，据当晚郁氏的日记中载："王女士已了解我的意思，席间颇殷勤"，"我今晚真快乐极了。我只希望这一回的事情能够成功"。

此后，从郁达夫的日记可以看出，他俩几乎天天有约，日日晤面。总是郁达夫不断地找各种借口来探望王映霞：在附近看朋友路过这里；送几册新出版的书来；在弄堂口酒楼喊了菜，提着好酒来吃饭……有时无由头可寻，进门便直吟着两句唐诗自我解嘲："出门无至友，动即到君家。"见了面，不是请吃饭、看戏，就是大伙儿同去逛公园。

孙百刚夫妇是过来人，对这一切怎么会没有感觉呢？既与王家有"通家世好"的关系，细细追究起来，孙百刚还是王映霞的世叔辈，而郁达夫又是孙百刚的同学，他们对郁达夫如此狂热地爱恋王映霞，最初自然是有看法的。孙百刚还分别地做了他俩的工作，明确表示不愿违心地给予他们帮助。然而，热恋中的人儿，对于任何逆耳良言都是难以冷静地听进去的。王映霞在孙百刚夫妇同她坦诚地交谈后，不数日，便借口搬去同学处居住，离开了孙家。此后，郁达夫与王映霞经过了一段"想恋"又"不敢恋"的情感波折后，两颗互相吸引的心终于搏动在同一脉律之上，在爱的暖流中自由徜徉。

自一月十四日郁达夫与王映霞初次会面起，至三月五日，郁、王之恋终于有了明白的"决定"，这一月有余的恋爱史，确实算不上长。然而，其时的郁达夫已是三十一岁的成年男性、四个孩子的父亲，他面对的爱情，性质是浪漫的，但内容是现实的，绝不可能像少男少女那样，长时间地沐浴在圣洁的精神恋的爱河之中。

平心而论，郁达夫与王映霞的恋爱，确是由一见钟情而"私订终身"的。从王映霞这方面来说，当初还是个二十岁未满、涉世未深的小女子，严格地说，还是个刚出校门的年轻女学生，蓦然间有位潇洒的"五四"著名作家向她射出丘比特之箭，一下子如何抵挡得住？更何况，其间还浸润着女学生所特有的作家崇拜意识。只要郁达夫能解除现有的婚约，他自然是她婚恋观中的最高美学理想！

郁达夫呢，自从遇见了王映霞，就被她弄得神魂颠倒、寝食不宁。尽管他已是几个孩子的父亲，但是他与孙荃的婚姻，毕竟是父母之命、媒妁之言。婚后，也不能说他们之间就没有感情，有一段时日，甚至可以说还是有相当感情的。因此，郁达夫在追求王映霞的这段日子里，饱受着情与理、矛盾和痛苦的情感煎熬。

说来也是有些讽刺意味，郁达夫初见王映霞的那一日，穿的正是他"女人自北京寄来的"灰布面羊皮袍子，而给王映霞留下了潇洒风度的深刻印象。就在他为"可爱的霞君"颠倒的同时，却接读"荃君信来"，嘱其"谨慎为人"。这注定了郁达夫从遇见王映霞起，就陷入了两难的尴尬局面。

因而，当他对王映霞感情日深时，他的矛盾心态也愈趋激烈。正如他在二月二十七日的日记中所描述的："我时时刻刻忘不了映霞，也时时刻刻忘不了北京的儿女。一想起荃君的那种孤独怀远的悲哀，我就要流眼泪，但映霞的丰肥的体质和澄美的瞳神，又一步也不离的在追迫我。"两个女人的影子，都在郁达夫的脑海中挥之不去：一个是结发妻子，一个是时尚女性。但此时一个远在北京，一个则近在咫尺。终于，这时时相思、日日见面的王映霞，在郁达夫的感情天平上倾斜了，取胜了。

郁达夫之爱恋王映霞，表面看来，似乎像传统小说里所说的才子佳人一见倾心，后花园私订终身的故事。其实不然。郁达夫是五四时期追求个性解放（包括性解放)、追求男女恋爱自由观念最为彻底，思想最为解放的作家之一。他对王映霞的爱是真挚的、无我的，大有燃烧自己而求永生的那股劲头。这里不妨拣出他一九二七年三月四日的一封情书，选取有关段落，探视一下作家当时的真实心绪：

　　不消说这一次我看见到了你，是很热烈的爱你的。正因为我很热烈的爱你，所以一时一刻都不愿意离开你。又因为我很热烈的爱你，所以我可以丢生命，丢家庭，丢名誉，以及一切社会上的地位和金钱。所以由我讲来，现在我所最重视的，是热烈的爱，是盲目的爱，是可以牺牲一切，朝不能待夕的爱。此外的一切，在爱的面前，都只有和尘沙一样的价值。真正的爱，是不容利害打算的念头存在于其间的。所以我觉得这一次我对你感到的，的确是很纯正，很热烈的爱情。

　　两性之爱，只有达到无代价的程度，才是最真诚的、深切的爱。要知道，郁达夫生活的年代还是在二十世纪的二十年代。其时，一个有妻室有儿女的人要抛弃家室、抛弃名誉、抛弃地位、抛弃金钱，是何其困苦、何其艰难！为了爱，郁达夫愿意抛弃一切身外之物，这是需要些勇气的，需要面对现实，敢于与之挑战的生的勇气与爱的勇气！

也在上述的那封信里，郁达夫沉重地对王映霞回顾起他的那段不幸婚姻：

我和我女人的订婚，是完全由父母做主，在我三岁的时候定下的。后来我长大了，有了知识，觉得两人中间，终不能发生出情爱来，所以几次想离婚，几次受了家庭的责备，结果我的对抗方法，就只是长年的避居在日本，无论如何，总不愿意回国。后来因为祖母的病，我于暑假中回来了一次——那一年我已经有二十五岁了——殊不知母亲、祖母及女家的长者，硬的把我捉住，要我结婚。我逃得无可再逃，避得无可再避，就只好想了一个恶毒法子出来刁难女家，就是不要行结婚礼，不要用花轿，不要种种仪式。我以为对于头脑很旧的人，这一个法子是很有效力的。哪里知道女家竟承认了我，还是要我结婚，到了七十二变变完的时候，我才走投

104

无路，只能由他们摆布了，所以就糊里糊涂的结了婚。但我对于我的女人，终是没有热烈的爱情的，所以结婚之后，到如今将满六载，而我和她同住的时候，积起来还不上半年。因为我对我的女人，终是没有热烈的爱情的，所以长年的漂流在外，很久很久不见面，我也觉得一点儿也没什么。

在郁达夫与孙荃在北京同住时间最长的那段日子里，他在以散文形式写给郭沫若和成仿吾两位老友的书信中，也提起过他对妻子的感情："你们若问起我的女人和小孩如何，那么我老实对你们说吧，我的亲爱她的心情，也不过和我亲爱你们的心情一样，这一种亲爱，究竟可不可以说是恋爱，暂且不管它，总之我想念我女人和小孩的情绪，只有同月明之夜在白雪晶莹的地上，当一只孤雁飞过时落下来的影子那么浓厚。"（郁达夫《一封信》）

还有一个事实应当承认：一九二七年，郁达夫面对大革命失败、脱离创造社等恶劣情势，却并没有沉沦下去，仍然对生活保持着积极向上的乐观态度，甚至重新鼓起希望的风帆，从某种角度讲，也得力于与王映霞恋爱的成功。王映霞鼓励郁达夫，要"做一番事业"，郁达夫决心"照她所嘱咐我的样子做去"。（郁达夫《日记九种》）事实上在这一阶段，无论是对待创造社的工作，还是自己的写作，郁达夫都是很积极认真地去做的。一九二七年七月，有"一位自称为暗探的司令部的人员，到创造社出版部来说要拿人拘办。弄得出版部里的人员逃散一空"（郁达夫《对于社会的态度》）。郁达夫凭借他的处事不惊和干练果断的办事能力，以及与外界的广泛联系，辗转托人请胡适去了解情况，最后他亲自冒险直接出面去警察厅斡旋疏通，才使创造社出版部免去了一场灾难。

一九二七年三月二十二日，上海工人第三次武装起义的第二日，鲁军在闸北放火已烧了十二个钟头。"街上的人群和混乱的状态，比昨天更甚了"。对此，郁达夫首先想到的是设在闸北创造社出版部的凶吉。此时他头脑冷静，认为唯一要做的是设法打进闸北，一探出版部的安危。不料"几次都被外国的帝国主义者打退了回来"。（郁达夫《日记九种》）本是一介书生的郁达夫，在形势如此复杂尖锐的情况下，置个人的安危于不顾，首先想到与捍卫的是文学事业。郁达夫在他自编的全集

第一卷《寒灰集》的《题辞》中曾写道："寒灰的复燃，要借吹嘘的大力。这大力的出处，大约是在我的朋友王映霞的身上。"恋爱中的王映霞，确实给了郁达夫精神慰藉和鼓励。她同郁达夫谈恋爱时，从达夫的日记中可以看到，她曾多次激励郁达夫要做一番事业，劝他丢去逃往外国的心思，更劝他"去革命"。

这一阶段的郁达夫，吮吸着爱情的新鲜养分，浑身充满了力量，一心想"多做一点事业"，他在日记中大声呐喊"要活着奋斗"，并切实地"打算从明天起，于两个月内，把但丁的《新生》译出来，好作我和映霞结合的纪念，也好做我的生涯的转机的路标"。（郁达夫《日记九种》）

王映霞的外祖父王二南是一位饱学之士，在杭州城里颇有名望。一九二七年四月十三日，郁达夫从闸北宝山路创造社出版部乘内河轮船逃离反革命政变后充满白色恐怖的上海，便径直来到杭州拱宸桥王映霞家。这是郁达夫首次以"毛脚女婿"的身份走进王家。

当时的郁达夫可以说正处于内外交困的境地。创造社出版部由于当局的干预已处于"停滞的状态"；与孙荃分居，却因祖产未分，现款无着，赡养费无法解决；

个人又因政见不同失了自由，精神委顿自不待说；身体也因起居失调，饥饱不匀，"旧疾复发"，"胆汁溢满全身"。王二南见了这位准孙婿之后，则"殷殷以保修身体为劝，对于我与映霞的结合，也不持异议，但问祖产分后，让给前妻，也够得她们母子的衣食否？说到后来，先生还微叹着气，笑念出了两句'恨杀南朝阮司马，累侬夫婿病愁多'的梅村的名句来"。（郁达夫《王二南先生传》）显然，对郁达夫的学识才具，王二南是非常器重的，不仅如此，他还延请了老友、杭州集庆寺一位精通医道的和尚，为自己的孙婿治病，又关心郁氏原配的生活，这些关爱都给病困中的郁达夫带来极大的温暖。

一九二八年四月，郁达夫与王映霞在上海结婚。原本决定于二月去日本东京举行婚礼，请柬也已发出，由于国民党政府要发难，遂取消了东京之行，与王映霞秘密地租居在上海北火车站附近的一个小旅馆里，直到发难的风声过后，才在南京路的东亚饭店正式举行婚礼。

郁达夫与王映霞婚后的一段生活，是幸福的、美满的。诚如郁达夫在追求王映霞时所说，这是他"生命的冒险，同时也是生命的升华"。（孙百刚《郁达夫外

108

传》）数十年后，当王映霞回忆起她与郁达夫婚后住在上海赫德路嘉禾里的那段日子，仍然感到很美好："在精力充沛的我俩的心灵里，只有和爱，只有欢乐，只有对未来的美好的憧憬。""谈着过去，谈到未来……饱尝了欢乐的两颗心，觉得已经再也说不出什么别的愿望了。"（王映霞《半生杂忆》）

在轻寒薄暖的季节，他俩时常外出散步，有时在愚园路上会坐一回独轮车，隔座手牵手，与车夫聊聊天，悠闲浪漫，自得其乐。有人看到他俩在街上散步，曾戏说达夫像是少奶奶身边的一个跟班，郁达夫听了，眉开眼笑，心满意足。女作家谢冰莹当年在上海探访郁达夫的时候，也感到"他爱映霞，真是一往情深，体贴入微"（谢冰莹《谢冰莹散文》），他们的生活充满风趣，轻松愉快。

此后，郁达夫的身体也调养好了，生活也渐上轨道，人也有些发福。两个人相安无事地共同生活了七八年，育有五个孩子，其中第三个儿子早夭，一个女儿遭遗弃，其余三个儿子承传着郁氏香火，绵延至今。几个男孩的名字按长幼顺序分别为郁飞、郁云、郁亮、郁荀，依据郁达夫在悲悼三儿所写的散文《记耀春之殇》

中所述："长子飞，次子云，是从岳家军里抄来的名字；同时《三国志》里，也有飞、云的两位健将。那时候我们只希望有一位乖巧的女孩儿来娱老境，所以我首先就提议，生下来若是女孩，当叫她作银瓶，借以凑成大小眼将军一门忠孝节义的全套。而霞又说：'若是男孩呢？可以叫他作亮；有了猛将，自然也少不得谋臣，历史上的智谋奇略之士，我只佩服那位鞠躬尽瘁，死而后已的诸葛武侯。'"

　　一九二七年至一九三三年这段时日，正如前面所述，郁达夫积极加入进步或革命团体，与鲁迅等一起，活跃在反帝国主义、反对国民党独裁统治的思想文化战线上，并作出了自己应有的贡献。这一时期，郁达夫将过去写的小说编成《达夫全集》出版，先后出有六集，依次为《寒灰集》《鸡肋集》《过去集》《奇零集》《敝帚集》《薇蕨集》，还出有不列入全集的《忏余集》。此外还出了《日记九种》《迷羊》《达夫代表作》、短篇小说《迟桂花》、中篇小说《她是一个弱女子》和翻译集《小家之伍》等，按月抽取相当数目的版税，平时再零星地写些文章，又得王映霞的运筹调度，总算生活安定，幸福美满。

被郁达夫遗弃的原配孙荃，则一个人由北京回到了老家富阳。旧时代的女性，离开了丈夫，她的生活中心便是儿女。孙荃在老家悉心将膝下二女一子抚养成人，完成了一个女人"为人妻""为人母"的崇高使命。郁达夫后来在编第二个集子《鸡肋集》时所写的《题辞》中，曾对这位地母般奉献的女子表示了"纪念"与"伤悼"，并将《还乡记》《还乡后记》与《茑萝行》等有关孙荃的几篇文章作为礼物赠送给她。孙荃母子的生活，则由郁达夫担负。郁达夫的大侄女郁风在《三叔达夫》一文中，写出了当时的一些真实情况："他和王映霞——杭州名士王二南的外孙女终于结婚了，在赫德路嘉禾里安了家。……其实在新旧交替的婚姻问题上，这样的事毫不稀奇。在受害者的旧式妇女方面，已经承受惯了千百种封建压迫，与其再遭受'离婚'更受歧视的打击，毋宁接受生活的一定保障来抚儿育女更来得现实些。三叔也确实是这样做的，经常汇钱回富阳去给三婶。"这位女性从年轻时便守空房，备尝了人生的孤寂与凄凉，她的一生是悲哀的。她的命运实际上是封建社会中千千万万个同类妇女命运的一个缩影，她的悲剧无疑是社会的悲剧、时代的悲剧。这个苦命的女人，到了晚年，心境是那样的旷达，回忆起当年与郁达夫共同生活时的种种情景，早已没有了怨恨，像是追忆老朋友似的"沉浸在她一生中最美好的记忆里"。（郁风《三叔达夫》）

风雨茅庐

杭州在郁达夫的心目中是一个居家度日的好地方。这里水碧山青，景色宜人，空气清新。是大城市，却无上海那般的喧嚣，沪杭线交通便捷，也有相当浓厚的文化氛围，素有"田园都市"的美誉。更何况，如今的杭州已成郁达夫的"婿乡"，他想离开上海，杭州自然是他首选的理想去处。

一九三三年四月二十五日，在春雨霏霏的早晨，郁达夫举家由上海移居杭州。按理说，倦游归来的郁达夫初抵杭城，心态理应是宁静的、开心的，然而，返回"婿乡"的第一夜，他竟夜不成寐，说起来，也并无特殊缘由：先是由室中灯火的灰暗不明，了解到"杭州一隅，也绝不是世外的桃源，这样要捐，那样要税，居民的负担，简直比世界哪一国的首都，都加重了；即以电灯一项来说，每一个字，在最近也无法地加上了好几成的特捐"。然后三更夜半，闻听巷内卖馄饨元宵的小贩的竹梆声，深感百业的凋敝、民生的艰难。再然后夜半挑灯翻阅鲁迅的《两地书》，从书简里"看出了许多许多平时不容易看到的社会黑暗面来"。彻夜未眠之后，清晨独步街市，越发感到"萧条复萧条，衰落又衰落"的农村与都会，一副"战栗着待毙"的落寞景象，凡此都使郁达夫连连发出"烽火满天殍满地，儒生何处可逃秦"的深切慨叹。（郁达夫《移家琐记》）谁说郁达夫是胆小怕事逃离上海的？从他返杭定居的第一印象与最初感受中，我们分明看到了一位文士胸中跳动着的那颗忧虑民生国事的火热的心！

那么，郁达夫究竟为什么要移家杭州呢？

首先，应该从作家当时的心态说起。人到了中年，往往会由动而思静，尤其是长年漂泊在外的旅人，渐渐地会油然而生一种难以按捺的乡井的离愁。郁达夫在这时，也将从前的那种"好旅游、喜漂泊的情性"渐渐地改了，而"游子思乡，飞鸿倦旅"的心思日渐抬头。在《住所的话》里，他说："自以为青山到处可埋骨的漂泊惯的流人，一到了中年，也颇以没有一个归宿为可虑；近来常常有求田问舍之心，在看书倦了之后，或夜半醒来，第二次再睡不着的枕上。""尤其是春雨萧条的暮春，或风吹枯木的秋晚，看看天空，每会作赏雨茅屋及江南黄叶村舍的梦想……"因此"终于听了霞的劝告，搬上杭州来住下了"。

其次，是经济上的原因。一九三〇年以后，郁达夫稿费收入渐减，而上海的生活指数逐年增高，"负有调度经济之责的映霞，当然要早作退路，未雨绸缪"。（孙百刚《郁达夫外传》）郁达夫在《移家琐记》中也开门见山地说："洋场米贵，狭巷人多，以我这一个穷汉，夹杂在三百六十万上海市民的中间，非但汽车，洋房，跳舞，美酒等文明的洪福享受不到，就连吸一口新鲜空气，也得走十几里路。移家的心愿，早就有了"。靠版税收入维持家计的郁达夫，适时地从物价昂贵的上海抽身出来，迁至杭州，在当时恐怕也不失为养家糊口的明智之举。至于王映霞对孙百刚所说的，杭州的中小学办得比上海好，为孩子们的教育计而搬迁的理由，充其量也只为其中的一个因素吧。

郁达夫离沪迁杭的再一个原因，不少研究者认为是为躲避白色恐怖的迫害。理由是他在搬迁杭州的前后有两首诗歌涉及这方面的内容：在《迁杭有感》中有"伤乱久嫌文字狱，偷安新学武陵渔"的胸臆直抒；在《无题》中有"避嫌逃故里，装病过新秋"的诗句。

二十世纪三十年代初，国民党反动派为配合军事上对江西苏区的血腥"围剿"，对以上海为中心的左翼文坛也展开了大规模的文化"围剿"。殷夫、柔石等"左联五烈士"牺牲，洪灵菲、应修人等被害，丁玲被捕，鲁迅、郁达夫遭通缉……一时间，确有"黑云压城城欲摧"的严酷形势向着进步文化人压来。那么，郁达夫真的是畏于国民党的白色恐怖而逃离上海的吗？回答应该是否定的。当初对鲁迅、郁达夫发出通缉令的，正是位于杭州的国民党浙江省党部。如今他离沪赴杭，就生活在这批青面獠牙之辈的眼皮底下，从某种角度看，岂不有些自投罗网的味道？再者，"四一二"反革命大屠杀郁达夫都挺过来了，以抱病之躯，只去杭州小住了一周，旋又返回上海，坚持主持创造社出版部的工作，现在怎么可能一下子就胆小到要逃离上海呢？他在抵杭之初所写的《移家琐记》中，诉说了一夜未眠所得的种种感慨，之后便以诘问的形式提出："社会的症结究在哪里？唯一的出路究在哪里？难道大家还不明白吗？空喊着抗日抗日，又有什么用处？"明白地将斗争矛头直接指向专权的当局，难道这是躲避文字狱的一个寒士敢发出的吼声吗？

有一些事实是不容忽视的：

一九三三年五月一日，郁达夫在《现代》杂志上发表《为小林的被害檄日本警视厅》，强烈抗议日本反动当局无故杀害日本作家小林多喜二。五月十五日，郁达夫与鲁迅等人联合发表《为横死之小林遗族募捐启》，表达了对日本军阀政府的"同深愤慨"，和"中国著作界对小林君的敬意"。

五月二十三日，郁达夫与蔡元培、杨杏佛等人联名致电南京国民党当局，抗议逮捕丁玲、潘梓年等人。

六月二日，郁达夫为抗议国民党十九路军杀害福建龙溪抗日会常委林惠元，在文化界人士发起的《为林惠元惨案呼冤宣言》上签名。

七月，郁达夫与鲁迅、茅盾等同任创刊于上海的《文学》月刊编委。

八月十六日，为欢迎远东反战会议的外国代表，郁达夫在《中国著作家欢迎巴比塞代表团启事》上签名。

九月一日，郁达夫在《文学》月刊发表杂文《暴力与倾向》，尖锐指出，古今中外，不管是谁，"想用暴力来统一思想"使百姓"臣服归顺"，都是办不到的。

这一系列事实证明，郁达夫移家杭城，仍然关心时局，干预时事，并没有刀枪入库，马放南山。郁达夫是位性格比较复杂，并且爱夸大的人，他高唱着"避嫌逃故里""伤乱久嫌文字狱"等论调，表面看来有避逃之嫌，但是，他是用"畏避"做遁词，而行攻击当局疯狂迫害文化人之实。这也是郁达夫喜欢用一些夸张的文字"挤出自己身上的脓与血"的惯用笔法，不可简单地加以表面理解。

郁达夫移家的最末一个原因，可能与左联的除名有关。前面谈到郁达夫在被左联除名后，还曾友好地接待过郑伯奇、赵家璧的来访，但这是私人之间的关系处理，当作别论。这并不等于说，郁达夫对左联某些做法的在喉之"骨鲠"就完全消除了。

就在郁达夫抵杭未几，杭州《文学新闻》有一署名许雪雪的记者写了篇《郁达夫访问记》，其中记述郁氏与左联的关系时，引用了郁达夫的话："左联作家大同盟，不错，我是发起人中的一个。……说我的作品是个人主义的。这话我是承认的，因为我是一个小资产阶级出身的人，当然免不了。可是社会这样东西，究竟是不是由无数'个人'组织而成的？假定确实也是这么一回事，那我相信暴露个人的生活，也就是代表暴露这社会中某一阶级的生活。……要派我去做实际工作，我对他们说，分传单一类的事我是不能做的，于是他们对我更不满意起来了。所以左翼作家联盟中，最近我已经自动把'郁达夫'这个名字除掉了。"对郁达夫来说，当初他是不愿去做实际事务，更不想担负一个空名而脱离左联的。从时间上推算，以一九三〇年十二月一日上海《读书月刊》第一卷二期刊登的《郁达夫脱离左联》的报道计，郁达夫提出辞呈可能在十一月。尽管如此，他被左联除名，总归心潮难平。郁达夫是个出身于旧时代的文人，身上很有传统的士大夫习气，重义，重情，同时又很爱面子，"（左联）受左倾机会主义的影响，不讲策略，不会团结人"（冯雪峰语），确实很重地伤害了郁达夫。一九三二年他便有了离沪的想法。他与王映霞心思各异，但都赞同"叶落归根"，经过一段时间的筹划，方于一九三三年春上离沪。联系第一条理由所述的郁达夫当时的倦飞心态，"飞鸿倦旅"的深层次原因，该是这受伤后的鹏鸟特有的消沉心理。

其实，对于郁达夫的移家，鲁迅当年是有不同意见的。由于郁氏夫妇那时"移家心切，便也不去十分注意它"。（王映霞《半生杂忆》）到了一九三三年底，他们夫妇俩去上海，请鲁迅赐诗时，鲁迅写了一首《阻郁达夫移家杭州》："钱王登遐仍如在，伍相随波不可寻。平楚日和憎健翮，小山香满蔽高岑。坟坛冷落将军岳，梅鹤凄凉处士林。何似举家游旷远，风波浩荡足行吟。"鲁迅在这首诗里恳切地规劝郁达夫不宜移杭。他借古喻今，用古代的钱武肃王对百姓的专横压榨，比喻当今杭州国民党的无理高压，指出杭州日丽风和、香溢四方的优裕环境会消磨人的高远志向，阻碍健翅的翱翔，杭州历史上勇武的将军和隐逸的文士都遭冷落，受凄凉。劝导达夫，抒写与反映激荡的时代洪流，何必要举家远游呢。郁达夫珍爱地将此诗装裱后，长久地挂在自己杭州的寓所中。

鲁迅的谋虑是深远的，他那过人的警觉与人情练达远胜于郁达夫。移杭居住，确为郁达夫一生中的一大失误。此后造成的家庭悲剧，可以说被鲁迅此诗不幸而言中。自然，这是后话了。

初到杭州的郁氏一家，觉得环境新鲜，心境平和。

120

可是未几，"警察局派来了几个人，说是来检查书籍的"。向来没有政治意识的女主人王映霞，在"这个时候，才暗中感受到自己一贯疏忽政治的可怕。继之而来的，便是各式人等的接二连三的来访，有的自称是'学生'，又有的说是'同学'，还有的竟在当地的报刊上登出了访问特写"，一时间打破了这个小家庭初到时的那份难得的宁静。（王映霞《半生杂忆》）其实，王映霞还不知道，他们场官弄六十三号的住宅周围，早就有便衣三三两两地分班巡查。据郁达夫抵杭后首访郁氏的《中央日报》驻杭州特派记者黄萍荪回忆，他出入场官弄，便曾受到过一"卖柑者"和一"卖花"妇人以兜售柑橘与鲜花为由，低声盘问郁家有无上海来的客人，谈论些什么话题，等等。直至杭州警察局局长造访郁府之后，方不见这帮狗鼠辈的身影。

由于各报刊对郁氏移家抵杭的消息炒作，自然招来了不少来访者，郁达夫渐渐地也由起初的闲人、散人变为时人、忙人。来访的人可谓各色人等，一应俱全，有仰慕名流的求访者，有情性相投的故旧朋辈，也有怀着"黄鼠狼给鸡拜年"之心而来的"当方土地"。尤其是后者，表面看是器重作家，实际上包藏着叵测居心。比如，这一时期在社交场合与郁氏夫妇结识，而后太太们频相往还的，就有两位活跃于杭州的头面人物。一位是警察局局长赵龙文，此人是军统背景，以性喜舞弄文墨、附庸风雅的姿态接近郁达夫。一九三五年十一月二十八日郁达夫四十岁生日时，他以重金购得湘妃竹扇骨一把，配上洒金扇面，分别于扇之两面录于右任和他自己的诗作，送予郁达夫。郁达夫平日与他酬应，皆谨慎小心，其诗作请郁氏"雅正"，郁氏只泛泛地恭维敷衍。此次赵龙文为郁氏生日赋诗，赠以重礼，郁达夫再难泛泛于口头应酬，当即作了两首诗，"赵龙文录于右任诗并己诗题扇贻余，姑就原诗和之，亦可作余之四十言志诗"。其中第一首的三四两句"但求饭饱牛衣暖，苟活人间再十年"，直截了当地作出只求温饱别无他求的表白。这显然是郁达夫故意用灰色调涂抹，用以麻痹那些不怀善意聚其周围的虎狼之辈。但到《郁达夫诗词抄》刊出时，于、赵两诗仅附题于其言志诗后，原诗则不录。

另一位故意走近郁达夫的是省商会的主任秘书朱惠清。此人在杭州地面上号称"路路通"，虽非地方行政官吏，但"交游"广阔，同中统方面的人也交往频繁。

他的夫人也是个"谈吐无碍"、口才难得之人，常与赵氏、郁氏夫人相偕出入社交场。王映霞后来在《半生杂忆》中回忆说，由于社交频繁，"我们这个自以为还算安静的居处，不安又不静起来。比如，今天到了一个京剧名角，捧场有我们的份；明日为某人接风或饯行，也有给我们的请帖；什么人的儿女满月，父母双寿，乃至小姨结婚等等，非要来接去喝酒不可。累得我们竟无半日闲暇，更打破了多年来我们家庭中的'书香'气氛。我这个寒士之妻，为了应酬，也不得不旗袍革履，和先生太太们来往了起来，由疏而亲，由亲而密了"。

此外，杭州东南日报社社长胡健中及其主持的杭州市作者协会，也时而邀请郁达夫或为报纸副刊撰文，或为作协的各类公开场面讲话助兴。

另一方面，作为著作家的郁达夫也广交社会各类布衣平民，寺院的方丈、饭庄的领班、茶楼的茶博士、楼外楼的名厨、城隍山的算命先生、街头的风水先生、老农、老圃、演员、交际花等无不接触访谈，甚至同栖流所（乞丐流民所住的大杂院）丐头等也叙谈甘苦。与达官贵人、三教九流的交往，是作家巡礼社会的客观需要，同时也符合郁达夫健谈、随和、乐游的思想性格。

也许是作为社会名流身份应邀出席过杭州铁路全线通车典礼的缘故吧，郁达夫在杭州蛰居半年后，"受了杭江路局之嘱托"开始了他的浙东旅行。半年中"小心翼翼，默学金人，唯恐祸从口出，要惹是生非"的生活状态，使他感到"前无去所，后无退路"的苦闷，因此也很想出去散散胸中的郁闷。而后"机会凑巧"，两年之中，"却连接来了几次公家的招待"，将"浙东浙西的山水"，"也差不多是走到了十分之六七了"。（郁达夫《郁达夫自传·行旅的灵魂叫卖者》）他将游历所记的杂感漫录，先后结集成《屐痕处处》和《达夫游记》两本游记集。于是，早年郁达夫被戴上一顶"颓废派"文人的帽子，此时又被赠以"名士派"作家的雅号。应该看到郁达夫在这一时期外表上似乎优哉游哉，过着安逸闲散的生活，内心其实是矛盾、痛苦的。他在《再游高庄偶感续成》后记中写道："近来生活为左右所夹，颇觉烦闷，精神躯体都不能自由，创作生活，怕将从此告终矣。"又曰："午后去图书馆看书报，见有许多国民党的杂志，全在抨击我的近作。狗鼠辈的狂言，虽可以置之不理，但我近来的生活干枯不充实，却也是事实。"（黄萍荪《风雨茅庐外纪》）所谓"左右所夹"，"左"

系进步人士对他不满，认为他没有政治抱负，只写些山水文字；"右"则指一些国民党报刊嫉妒郁达夫仅为《东南日报》副刊《沙发》写文章，拉不到他的稿子，为此作出恶毒攻击。卖文为生的郁达夫即便是做山水文章，也不光钻"钱眼"，胡乱投稿，他的心里自有一把衡定的尺子。然而左右夹击的生活、险象环生的环境，给予郁达夫复杂而又痛楚的精神打击却是事实，他再不佯装成一介落拓不羁的书生、闲云野鹤般的寒士，又能如何呢？纵情于山林之乐，恐怕才是他这一时期排遣内心苦闷的特有方式！

郁达夫刊载在《东南日报》副刊《沙发》及以笔记、小品相号召的《越风》杂志上的游记，后来结集为《屐痕处处》，成为现代文学史上的游记精品。他认为"欣赏山水以及自然景物的心情，就是欣赏艺术与人生的心情"，于是，将大自然的景色、作家自己的心情，甚或古代文人墨客的行吟感受交融于一体，形成了郁达夫游记文学的独有风范。

此外，在这一时期郁达夫还出版了《达夫全集》的第七卷《断残集》、翻译集《几个伟大的作家》《达夫所译短篇集》，写了八篇《自传》，又将《日记九种》增订改成《达夫日记集》，等等。至此，他似乎无意间为其前半生的创作生涯打上了一个圆满的休止符。

郁达夫在杭州居住近三年的时间里，还自己斥资兴建了一座"风雨茅庐"。一九三四年冬天，郁达夫与王映霞通过朋友孙百刚等人的关系，在场官弄住所近边买了一块近二亩的地皮，筹措着要造一所自己的居所。"每次喝酒，每次独坐的时候，只在想着计划着的，却是一间洁净的小小的住宅，和这住宅周围的点缀与铺陈。"（郁达夫《住所的话》）经过几番筹措及一些朋友的帮助，终于在一九三五年秋后破土动工，翌年初新居落成。

郁达夫为这新居命名为"风雨茅庐"，并专程请了最早翻译达尔文著作及雪莱诗作的马君武挥毫题额，悬挂在客厅正门的上方。明明是时式新屋，却冠之以"风雨茅庐"，如何理解？"茅庐"，从表层意思看，许是主人偏好古籍，效仿古代居士雅趣之言。郁达夫在他的散文《雨》中就提到："曾宾谷曾以《诗品》中语名诗，叫作《赏雨茅屋斋诗集》。他的诗境如何，我不晓得，但'赏雨茅屋'这四个字，真是多么的有趣！""风雨"二字，顾名思义，自然是指自然界的风雨。然而它何尝不是主人用以暗示的政治风雨呢？更不幸的是，它暗合了这个屋宇下将要发生的一场不大不小的家庭风雨，以致这个家庭最后走上了分崩解体的可悲道路，促成郁达夫远走海外、客死异域的悲惨结局。

现在，还是先来看看这座"风雨茅庐"的建造格局吧。孙百刚在新居落成后不久曾趋府拜访，留下了如下文字：

> 门口两扇铁门敞开着，气势相当豪华；一条水泥路的铺道可以一直通进去；走到里面，南向三间正屋：当中一间是客厅，旁边东西两间是卧室，开间相当宽阔，每间各有后轩，陈设的家具大部是新的。壁上挂着字画镜屏，窗上装着新的纱窗；东北角有一条支路通到三间小屋。而东面一个月洞门内有一小院子，点缀着一些假山石，摆着几盆荷花缸，里面一间朝南的大花厅，这里是郁达夫的书房，三面沿壁都排列着落地高大书架，密密层层地摆放着六七千册中外图书。（孙百刚《郁达夫与王映霞》）

可惜的是，如此舒适优雅的环境，屋主人郁达夫并没有享用几天，就匆匆地离去了，此后再也没有回来长住过。第二年，抗日烽火燃起，待到日军入侵杭州之后，这溢满书香的雅室竟沦为日寇驻军的马厩。

抗战烽烟

　　一九三六年初，郁达夫应福建省主席陈仪之邀，去福州出任省府参议之职，后又兼任公报室主任。陈仪是绍兴人，鲁迅留日时期的好友之一。一九四九年受中共地下党的积极影响，企图策动汤恩伯开放江防，失败后被解职囚禁。次年被蒋介石杀害。那么，这时的陈仪招郁达夫去闽，是什么背景呢？据王映霞对孙百刚透露，是"当时任浙江省政府委员的葛敬恩介绍的"，"达夫自己有意去游山玩水，陈公洽正好要找一位精通日语、在日本人眼中有点声望和地位的人，来专门应付当时蜂拥而至的日本政客、军人、特务、浪人等特殊客人，达夫是再适宜不过的人物"。（孙百刚《郁达夫外传》）当"福州陈主席公洽来函相招，谓若有闽游之意，无任欢迎"时，郁达夫为了"可以多看一点山水，多做一点文章"，便欣然接受了邀请。

"风雨茅庐"刚刚建成，达夫有了一个窗明几净的书斋，又何以要匆匆他去？况且，他的个性、他的气质似乎也不宜于为官为宦。试举达夫一九三五年十一月十九日的半则日记来解释这一问题："最关心的，就是因造这屋而负在身上的那一笔大债。虽则利息可以不出，而偿还的期限，也可以随我，但要想还出这四千块钱的大债，却非得同巴尔扎克或司考得一样，日夜的来做苦工不可。人是不喜欢平稳度日的动物，我的要造此屋弄得自己精疲力竭，原因大约也就在此。自寻烦恼，再从烦恼里取一点点慰安，人的一生便如此的过去了。""风雨茅庐"的主人还来不及充分享受这用烦恼换取的"一点点慰安"，便背着需要偿还的巨额债务，不得不匆匆赴闽，走马上任去了。

按理说，婚后这第一次久别，夫妇间当别意绵绵，缱绻深情。可事实不然。郁达夫在一九三六年二月二日的《闽游日记》中如此写道："旧历新年，习俗难除，一日挨一日的过去，竟到了前晚，因约定的稿子，都为酬应所误，交不出去，所以霞急劝我行，并欲亲送至上海押我上船；我则夷由未决，并也不主张霞之送我，因世乱年荒，能多省一钱，当以省一钱为得。为此两人意见冲突，你一言，我一语，闲吵竟到了天亮。"这彻夜吵架的缘由，郁达夫说得十分清楚。显然，王映霞是位颇有经济头脑的家庭主妇。想当年她初嫁郁氏，出全集抽版税稳定郁家收入的主意，就出自于她；如今，新屋落成，负债累累，急于想了结债务的，自然也是她。何况，当时她又是个活跃在场面上的极爱面子的人物，为迫郁达夫赴任，要亲自送至上海，"押"他上船。说起来，大年初九"押"夫婿出门，这位"贤内助"也够厉害了！郁达夫被逼出走，心情自然是不愉快的。谁知，这位曾出国专攻经济学的学士到福建上任两月，成绩却空洞得很，薪水因欠发，只领到百余元，买书喝酒之类，又积起新债四百元，连同家里的欠资，债台高筑成五千元。做官不发财，真是典型的郁达夫做派！

　　郁达夫一到福州，《福建民报》上即披露了他抵达榕城的消息，仰慕这位著名作家的各方人士与故旧新朋一时纷纷趋访，单六日下午，"不识之客，共来了三十九人之多。自午后三点钟起，接见来客，到夜半十二时止，连洗脸洗澡的工夫都没有"。来访的人中，有钦羡作家慕名而来的读者，有郁达夫过去教过的学生，有留日时期的同学，还有各类场面上的人物，其中服务于各部门，有身份、有地位的就有二十余人。于是郁达夫又一次被卷入各方应酬的漩流之中。无休止的拜访、接谈、宴请等应酬，耗费了他不少时间与精力。倘若仅从表象就判断郁达夫在福建又沉迷于灯红酒绿的世界，并进而作出其意志衰颓、精神委顿的结论，难免武断。在一九三六年四月一日的日记中，郁达夫痛切地直陈道："唯一的希望，是当我没有把这些事情做了之先，少来些和我闲谈与赐访的人。人生草草五十年，一寸一寸的光阴，在会客闲谈里费去大半，真有点觉得心痛。"这种痛苦，恐怕也是名人独有的痛苦！就在当天的日记里，郁达夫定出一个工作计划，其中除了翻译、写书计划外，还准备为《东南日报》写连载文章——抗日名将戚继光的故事。

福建的山水清秀奇绝，那武夷山、仙霞岭的灵秀，历来是闽人的骄傲；闽江水流更是旖旎多姿，"水色的清，水流的急，以及湾处江面的宽，总之江上的景色，一切都可以做一种江水的秀逸的代表"（郁达夫《闽游滴沥之二》）。这里的村野山谷，四季鲜花不衰，终年芳草依依，处处青翠欲滴，生活在这花团锦簇、山秀水奇的环境里，无怪郁达夫要击节赞叹福建的山水，"比杭州似更伟大一点"。

在浙江，郁达夫应杭江铁路局、东南五省交通周览会等单位的邀请，浙东浙西地清游，留下了"屐痕处处"。投奔福建，他也原为"闽游"而来，以便多做一点山水文章。其实，从他的《闽游滴沥》之一至之六来看，他大致也就在福州及其近处的鼓山等闽中地域游历，闽南闽北都未曾涉足。因此，在闽两年，郁达夫的创作并不活跃，发表的大多是些风物、游记、文物、历史之类的短文。此外，还将一九三三年下半年的一些短文、游记、日记之类编订成《闲书》，于一九三六年出版。从文学角度看，这一时期由于郁达夫远离时代的漩涡中心，他的创作愈益缺乏生动的气息，处于不甚振作的委顿状态。

一九三六年秋，良友图书公司编辑赵家璧计划编辑出版小说年选，约请了包括郁达夫在内的二十位著名编辑和作家，每人推荐三篇，合辑为《二十人所选短篇佳作集》。郁达夫回信说，仅有一篇值得推荐，名为《最后的管束》，发表于《福州文座》。小说讲的是一个年轻人给人代笔写状子，收了两块代笔钱而被人告发，江防司令判了他一年四个月的"渎职罪"，他经不住狱中生活的折磨，几个月后枉死在狱中。郁达夫在闽为官，独独推荐了这样一篇揭露反动派残酷统治、民不聊生的小说。作品的含意深长及郁氏此时真实的人生态度，由此可见一斑。

随着国内局势的急剧变化，日本帝国主义蚕食中国政策的步步推进，郁达夫的那颗赤诚的爱国心，重又被烽火狼烟的时代风浪鼓动了起来。他应邀四处作讲演，先后在南台青年会、英华中学、华南文理学院、福建农学院、协和大学、格致中学、青年学术研究社等单位团体演讲，还曾去电台对民众发表广播演说，到军人监狱训话，等等。

例如，郁达夫初抵榕城不久，就到南台青年会演讲，听者上千。他以火样的热情，向文学青年提出，文学的发展趋向要顺应时代的要求，以"中国民族解放运动为中心"，创作方法则要求承继普罗文学运动中所提出的"新写实主义"。对于福建的广大文学青年来说，这一次演讲，无疑在他们心中播下了抗战文艺的第一批种子。

在英华中学，郁达夫给师生们作了《文艺大众化与乡土文学》的讲演。在给格致中学师生的演讲中，他列举"伪满洲国"建立、华北主权拱手出让的事实，号召大家要维护国家的统一、民族的尊严，要有大无畏的牺牲精神，共同对敌，"时时处处都不忘记这目前的任务，勇往直前的奋斗到底"。

一次，福州《华报》宴请郁达夫并请他题诗，他纵笔写下："闽中风雅赖扶持，气节应为弱者师。万一国亡家破后，对花洒泪岂成诗！"嗣后，他在《记闽中的风雅》的最后讲到这首诗时写道："这打油诗……在我的心里，却诚诚恳恳的在希望他们能以风雅来维持气节，使郑所南，黄漳浦的一脉正气，得重放一次最后的光芒。"郑所南系宋末诗人，福建连江人氏；黄漳浦是明末书画家，名道周，福建漳浦人氏。郑、黄两位当年在元军、清军面前都表现出忠贞不贰的气节，故而郁达夫用以激励福建百姓。郁氏认为，郑、黄二人的高风亮节才是闽中风雅中最闪光的地方。据郁达夫当年的老同学郑贞文回忆，"在福州的那些日子里，我真为老同学焦愁：他也不知哪来的这股子劲？只要三杯下肚，上台演讲，滔滔不绝；下台游行，口号昂昂；回家写稿，倚马可待。他忘记了省府有个'调统室'，忘记了台上台

下有无数红眉绿眼对之行'注目礼'！"（黄萍荪《风雨茅庐外纪》）

还值得一提的是，郁达夫作为福建省政府的官员，时常因公务之需，与日本驻福建总领事馆的官员、驻闽的新闻人员应酬往还。一次他在与日本人同席的午餐桌上，微醉之后，"出言不慎，直斥日本人侵略的不该"（郁达夫《闽游日记》）。这发自肺腑的声音，才是真正的郁达夫的心声！虽然国际礼节要注意，但是一腔愤懑冲上嗓子眼，顾不得外事礼仪，非得一吐为快不可。这直抒胸臆的吐露，与他的《沉沦》的主人公呼唤祖国"快富起来，强起来"的声腔，无疑是振动在同一频率上的！谁说郁达夫是个冷血遁世的山水作家，他那一腔报国热血正沸腾着，随时准备寻找喷涌的机会，直至最后洒尽在异域的土地上！

抵达榕城的这一年，郁达夫为鲁迅曾两度专程去上海。第一次是闻听鲁迅生了一场大病，病到连坚持写了二十多年的日记都不得不因"艰于起坐，遂不复记"的程度，郁达夫便专程赴沪探望他，两人还殷殷相约于秋后同去日本岚山休养，观赏深秋的红叶呢。第二次就是鲁迅逝世，文艺界人士中，专程由外地赶去吊唁的唯郁达夫一人，并写了著名的《怀鲁迅》一文，可以说是评价鲁迅的权威性文字。此后又几次撰写缅怀鲁迅的文章，对鲁迅的道德文章给予高度赞扬，表达了对畏友鲁迅的无限敬仰。抗战全面爆发后，郁达夫在长文《回忆鲁迅》中，进一步用鲁迅精神激励人们去抗日，说鲁迅"平时，也是主张对日抗战的，所以民众对于鲁迅的死，就拿来当作了一个非抗战不可的象征"。鲁迅的伟大人格是为世人所公认的，被鲁迅称作可信赖的"知人"的郁达夫，其爱国爱民族的高尚品格，也像鲁迅一样，永远值得后人礼赞。

在福建的两年里，郁达夫还做了一件值得一书的事情，那就是专程去日本，敦促郭沫若回国抗日。

郭沫若在大革命以后，由于国民党当局以三万元重金的赏格，要拿他的头颅，在一场重病之后，郭沫若在周恩来的指示与安排下，于一九二八年二月离开上海去日本，开始了他海外十年的流亡生活。

在日本，郭沫若隐居于千叶县，专心从事中国古代社会及金文、甲骨文的研究，并取得了蜚声海内外的重大成就。此外，他还写了自传、历史小说、散文、杂文等作品。在那风雨如晦的年代里，尽管郭沫若一直被日本警方作为"左派的要人"而严密监视着，但他始终不曾忘记"我是中国人"！当国内卢沟桥事变爆发，正式拉开了中华民族全面抗战的序幕之后，郭沫若那颗跃动着的强烈爱国心再也无法平静，他决心要投向祖国的怀抱，加入到抗日的洪流中去。

适逢此时，一个机遇来了。国民党的亲日派如张群、何应钦之流想找人敦促郭沫若回国。郁达夫则是赴日的最佳人选。南京当局电命陈仪向郁达夫转达他们要郭沫若回国的意思，郁达夫自然欣然接受这一使命，于一九三六年十一月中旬，以福建省府官员身份去日本采购印刷机。

郁达夫一到东京，旋即转车去了千叶县的市川市，看望一别十年的郭沫若。想当年在上海，《创造》季刊创刊之初，销路不甚理想，两人走在四马路上，感伤地自喻为"孤竹君之二子"，只有在首阳山上饿死。后来由于一篇《广州事情》，引发龃龉，二人绝交了十年。这回，郁达夫不避前嫌，突然出现在郭沫若面前，老友重逢，激动兴奋之情无以言表。郭沫若后来曾说："我们是和兄弟一样，虽然十年反目，但把目再反过来，依然又是兄弟。"郭沫若还接受了郁达夫赠送的一条驼绒围巾。这"解衣推食"的手足情谊深深地感动了郭沫若，他赋诗一首《赠达夫》赠予郁达夫："十年前事今犹昨，携手相期赴首阳。此夕重逢如梦寐，那堪国破又家亡。"后来郁达夫又两次去千叶探望郭沫若一家，还陪他们全家去吃了一回中国料理。

郁达夫此次东京之行，还受到日本文化界人士的广泛欢迎，出席了改造社、中国文学研究会、东京诗人俱乐部、日比谷山水楼主人等为他举行的欢迎会，并应邀出席民间团体的讲演，为有关报刊撰稿。在上述活动中，郁达夫以不同方式向日本各界人士表达了中国人民对和平的渴望，希望日本朝野一齐努力，改变对华侵略政策，两国人民携手合作，加强经济与文化交流，以稳定东亚局势。

当时的日本当局正步步深入进逼东北三省，一九三六年八月召开的首相、外相、海相、陆相、藏相五相会议，已经确定全面侵占中国、南进南洋、北侵苏联为他们的基本国策。军国主义者怎会乖乖地放下屠刀？郁达夫的言论，显然立即引起了他们的注意。他遭到警察与宪兵的密切监视，在东京的一次讲演也被取消。

在东京，郁达夫还与不少日本文艺界的朋友会面叙谈。佐藤春夫曾是他留日时期的朋友，谁料想此次与郁达夫会面后，竟以郁氏日本之行为题材写成了电影小说《亚细亚之子》，主人公也以郁氏做原型，被诬陷为身负特殊使命的国际间谍。郁达夫得知后，十分气愤，写了《日本的娼妇与文士》一文，对佐藤氏的无耻伎俩痛加鞭笞。

十二月十九日郁达夫由神户坐船离开日本，途经台湾地区，逗留了一周，参加了《台湾新民报》举办的文学座谈会，应邀在《台湾日日新报》主办的演讲会上发表了题为《中国文学的变迁》的演说。他讲述了中国文学由古代到现代的发展和变迁经过，有意识地向听众传播了祖国的优秀文化。并预言，中国文化将来是要带着社会主义的色彩生长起来，但又有国家主义做背景，所以绝不会失去民族的创造力。

尽管郁达夫始终处于日本特务的严密监视下，但仍利用各种机会同台北与台南的文艺界人士晤谈，针对台湾文艺界的现状，恳切地劝诫他们写作要"用功"，为使台湾文学进步而努力。郁达夫的演讲与谈话，在当时的台湾，"发挥了传播和介绍祖国文化的积极作用"，对台湾新文艺的发展产生了深远的影响。出席座谈会的一些台湾文艺工作者，多年都不忘郁达夫当时对他们的鼓励与鞭策。回到福建后，郁达夫向新闻界谈到此行的感想时曾尖锐地指出，台湾是一座积聚酝酿四十年的火山，终有一天会爆发，会颠覆现存的黑暗制度。台湾之行，无疑也强化了郁达夫爱国抗日的决心。（陈松溪《郁达夫的台湾之行》）

离开台湾后，郁达夫经厦门、泉州返回福州。接着，他通过多层关系，促进南京当局解除对郭沫若的通缉令。一九三七年五月十八日，郁达夫终于接到南京来电，嘱其敦促郭沫若迅速回国。郁达夫感到自己奔走有效，十分兴奋，随即给郭沫若发出一信，热诚欢迎他早日返回祖国，投身抗日运动。

在金祖同撰写的《郭沫若归国秘记》（出版时署名殷尘）一书中，录有郁达夫的这封信件，堪为一份难得的珍贵史料，现照录于下：

沫若：

今晨因接南京来电，嘱我致书，谓委员长有所借重，乞速归。

我以奔走见效，喜不自胜，随即发出航空信

一，平信一。一面并电南京，请先取消通缉，然后多汇旅费去日，俾得早日动身。

强邻压迫不已，国命危在旦夕，大团结以御外患，当系目下之天经地义，想兄不致嫌我之多事也。此信到日，想南京必已直接对兄有所表示，万望即日整装，先行回国一走。临行之前，并乞电示，我当去沪候你，一同上南京去走一趟。这事的经过，一言难尽，俟面谈。

前月底，我曾在杭州，即与当局诸公会谈此事。令妹婿胡灼三，亦亟亟以此事为嘱，殊不知不待伊言，我在去年年底返国时，已在进行也。此事之与有力者，为敝东陈公洽主席，及宣传部长邵力子先生，何廉处长，钱大钧主任，他们均系为进言者。

我在前两月函中，已略告一二，因事未成熟，所以不敢实告。大约此函到后，南京之电汇，总也可到，即请马上动身，先来上海。

中国情形，与前十年大不相同，我之甘为俗吏者，原因亦在此。将来若得再与同事，为国家谋一线生计，并设法招仿吾亦来聚首，则三十年前旧梦，或可重温。临函神驰，并祈速复！

弟达夫上

五月十八日

此信不但传达了郁达夫对郭沫若的殷殷手足之情，期望他早日回国，献身抗战事业，同时也表达了郁达夫还想"创造"再起，完成未竟的文学事业之心，其热诚的爱国志向、殷切的事业雄心，跃然纸上。

七月二十七日，就在抗日烽烟刚刚燃起的时候，郭沫若悄然躲避了日本警视厅的监视，乘船回到了久别的祖国。郁达夫专程由闽去沪迎接老友，相见时的喜悦与激动，自不待说。八月十一日郁达夫将诸事妥善安置后，乘船返闽，途中传来"八一三"淞沪会战爆发的消息，加上海上大风，轮船改驶宁波，郁达夫由陆路返回福建。

卢沟桥事变后国内发展迅猛的抗日形势，极大地激发了郁达夫的民族感情与爱国热情，他一变以往懒散的生活作风，满怀激情地投身于抗战工作，"成日成夜，只在做抗敌救国的准备工作"。募集公债，征收棉衣，欢送壮丁，组织战地服务团，搜集旧铜烂铁……"凡可以尽力于国家，有助于抗战的事情"，"统统在做"。
（郁达夫《敌机的来袭》）

　　一九三七年十月，福州市文艺界为更加有效地开展
抗日救国运动，成立了"福州文化界救亡协会"，郁达
夫被推举为协会理事长。嗣后，郁达夫一改前一时期闲
云野鹤般地做一些游记、散文的喜好，以鲁迅为楷模，
用笔做武器，撰写出一批具有强烈战斗意义的杂文，为
唤起民众的抗日意志，尽到了一位有良知的著作家应尽
的义务与责任。就在这一年鲁迅逝世一周年之际，他在
撰写的缅怀文章中满怀激情地指出："纪念先生最好的
方法，莫过于赓续先生的遗志，拼命的去和帝国主义侵
略者及黑暗势力奋斗。……纪念先哲，务须达到彻底完
成遗志的目的，方能罢手；我们希望在最近的将来，能
把暴日各军阀以及汉奸们的头颅，全部割来，摆在先生
的坟前，作一次轰轰烈烈的民族的血祭。"（郁达夫
《鲁迅先生逝世一周年》）这杀敌的决心与豪气，真如
金石迸裂，掷地有声！

　　上海"八一三"枪声一起，杭州的局势十分吃紧。
王映霞遂带着老母与三个孩子避居富阳。杭州沦陷后，
他们一行又从富阳转移至丽水。郁达夫的老母不肯离

家。一九三七年十二月，日军进驻富阳县城，强迫郁母每日为他们抬酒运粮做饭，可怜老太太不堪日寇的奴役，躲到鹳山与住屋的夹弄中，在一个寒冷的雪天冻饿而死。一九三八年初，远在福州的郁达夫接到噩耗后，悲痛欲绝，却无法回乡奔丧，便在福州寓所设一灵堂，写下"无母何依，此仇必报"的挽联，洒泪遥祭老母。

谁知翌年再传噩耗，郁达夫的长兄郁曼陀由于秉公执法，在上海江苏高等法院第二分院刑庭庭长的任上，被汪伪特务杀害，以身殉职。日本侵略者及其爪牙在不到两年的时间里，连续残害了郁达夫的两位亲人，没齿难忘的国仇家恨，从此更深深地烙印在郁达夫的心里。用仇恨凝铸的子弹，总有一天会向敌人猛烈地射去。郁达夫在历经了这一系列不幸变故的同时，逐渐地完成了寓个人哀痛于抗日救亡的情感转变与升华。

郭沫若回国以后，先在上海投身于抗日救亡的文化宣传工作。抗日民族统一战线建立后，周恩来任国民政府军事委员会政治部副部长，郭沫若出任政治部第三厅厅长。他约请了胡愈之、田汉、洪深、冯乃超、史东山、应云卫、徐悲鸿、冼星海、马彦祥等许多知名人士参加第三厅工作。并聘请郁达夫任第七处处长，搞对外的抗日宣传工作。后因郁达夫未能及时到任,改由田汉任七处处长。郁达夫携眷抵达武汉后,任设计委员。

到了武汉后的郁达夫,以前所未有的热情投入抗战工作。先后两度去前线劳军,慰问前方将士。四月,台儿庄大捷,第三厅组织郁达夫等人去台儿庄劳军,并去山东、江苏、河南的陇海线、津浦线一带视察黄河河防。六月又去第三战区视察。两次上前方慰劳将士,广大官兵誓死抗战的决心与勇气,深深地激励着郁达夫,回来后撰写了《黄河两岸》《平汉陇海津浦的一带》和《在警报声里》等战地报道,在当时起了很好的鼓舞士气的积极作用。其中,他在《平汉陇海津浦的一带》的最后写道:

我们的机械化部队虽则不多,但是我们的血肉弹丸与精神堡垒,却比敌人的要坚强到三百倍,四百倍。没有到过前线的人,对我中华民族将次复兴的信念,或有点儿疑虑。已经到过前线的人,可就绝对地不信会发生动摇了。最后胜利,必然地是我们的。

一九三八年底，郁达夫在赴南洋的轮船上撰写了《必胜的信念》，又进一步具体地写道：

> 老实地说吧，我来到鲁南战地去之先，对于最后胜利必属我的这句口号，是有七八分怀疑的。在徐州住上半月，这怀疑便减少了四分，上湘西各地去一看，这怀疑又减少了二分，等在武汉外围的左右翼走了一圈之后，这怀疑却完全去尽了。现在的我，当然是百分之百的必胜论者。……唯其有了这一个信心，唯其有了这信念的确证，我现在跑来跑去，并不觉得是战时的行役。我只觉得是在做一对犯罪者予以正当惩处时的助手。

奔走于前线各战区的郁达夫，在亲身经历了战争的思想洗礼后，对抗战前途充满了必胜的信念，同时也摆正了个人与时代社会、小我与社稷民族之间的关系。在此后的岁月里，他始终把祖国家园的利益放在最高位置，无私无畏地站在反侵略斗争的最前沿，直至最后完成一位文化战士矢志献身的崇高使命。

武汉时期，郁达夫的家庭发生了一场纠纷。事情还得追溯到郁达夫离杭赴闽以后。前文说过，在杭州居住的几年里，郁达夫作为著名作家、一方名士，时常周旋于杭州上流社会，出入应酬总有王映霞陪同。"风雨茅庐"落成后不久，郁达夫南下赴闽，女主人王映霞仍出入社交场合，场官弄前车水马龙。当时任浙江省教育厅厅长的许绍棣进出"风雨茅庐"后，一时便有闲言碎语流出。"八一三"以后，王映霞先携家人避居富阳，后随浙江省政府机关搬至丽水，与丧妻的许绍棣同住一楼，引起郁达夫的极度不满，家庭矛盾加深。到了武汉，夫妻两人在一次纠纷之后，王映霞突然离家出走，郁达夫便在《大公报》上登了一则寻人启事，家庭纷争闹得满城皆知。后经朋友协调，双方深谈，立下了"协议书"，以期"从今后各自改过，各自奋发，更重来一次灵魂与灵魂的新婚"。此事发生于一九三八年七月上旬。

紧接着徐州会战之后，日军从几路进逼武汉，敌机每日轰炸不断，于是当局下令各机关紧急疏散。郁达夫一家于七月中旬撤离武汉后，在友人易君左的邀请下，去易氏故乡汉寿暂住。汉寿一月余，一家相安无事。郁达夫抗战锐气不减，仍不断写政论文，投寄香港发表。

那篇凝聚着他与鲁迅之间深厚友情的长篇散文《回忆鲁迅》，也是在这里开始写起的。

九月中旬，郁达夫接到福建省主席陈仪的电报，邀他重去福建。当时的福州已经处于抗战的前沿，郁达夫遂"决定为国家牺牲一切了，就只身就道，奔赴闽中"（郁达夫《毁家诗纪》）。此番郁达夫独自一人奔赴福建，沿途所见，山河破碎，家园难全；个人又屡遭不幸，母、兄殉难，家室失和，沿途又免不了触景生情，引发无端烦恼。真是"时仅隔一年，而国事家事竟一变至此"！（郁达夫《毁家诗纪》）留在汉寿的王映霞，则认为"他这次只身奔赴闽中，实在是一道彻底毁家的催命符"（王映霞《半生杂忆》）。武汉失陷后，王映霞带着儿子郁飞到了福州。这时郁达夫已应新加坡星洲日报社社长胡昌耀的邀请，决定去海外宣传抗日。一九三八年底，郁达夫带着王映霞母子，三人漂洋过海，去了新加坡。

星洲风云

郁达夫此次携眷南渡，虽有"终老炎荒"的"本愿"（郁达夫《毁家诗纪》），但当他踏上南去的丰庆轮时，又何尝会想到，从此便一去不复返了呢！

郁达夫去南洋，固然是应友人之邀，但是武汉疏散之后，多数文化界人士后来都辗转去了重庆。郁达夫为什么不从汉寿改道去重庆，而决定重新返闽后再去南洋呢？他在抵达新加坡后给林语堂的信中吐露了其中的原委："因弟平日之友人，主张行动，似有不为当局所谅察处；旧同事如雪艇，骝先等，'白首相知犹按剑'，至如立夫先生辈，更不必说矣。"（郁达夫《嘉陵江上传书》）这里所说的"雪艇"系王世杰，"骝先"系朱家骅。"友人"显然是指郭沫若领导下的政治部第三厅的同道们。"主张行动"则指一九三八年三月"中华全国文艺界抗敌协会"（简称"文协"）成立后，提出"文章下乡""文章入伍"的口号，号召文艺工作者深入部队与乡村，从事抗战的实际行动。但这些颇为当局者所不"谅察"，郁达夫未去重庆，显然有此重要内因。

另一重要缘由，自然是他响应文艺界在武汉失守前的"议定"之一，"决心去国，上南洋去作海外宣传"。当时不少著名文艺工作者如徐悲鸿、刘海粟、王莹、杨骚、金山等，都曾到过南洋为宣传抗日而奔忙。郁达夫去新加坡的直接动因，自然如其所述："大难当前……要紧的，还是在为我们的民族复仇！"（郁达夫《毁家诗纪》）

但是，还有一个不可忽视的理由却也是客观存在的。郁达夫与王映霞之间的爱情风波在武汉闹得沸沸扬扬，尽管经友人劝和，平静地度过了一段时间，但毕竟创伤难平，"奇羞难洗"，远去南洋，自然也有改变环境之意。

一九三八年十二月二十八日下午，郁达夫在香港换乘的意大利劳埃德公司的皮亚康马诺伯爵号抵达了新加坡。

当时的新加坡还是英国的殖民地。它扼守马六甲海峡的咽喉，是连接亚、欧、非、大洋洲四大洲的海空交通要冲，经济与文化教育事业都比较发达。这里的华侨很多，占总人口的百分之七十强。华侨学校众多，华文报刊种类丰富，还有商务、中华、世界、生活等国内大出版机构的分店，堪为南洋地区华侨的文化中心。

　　郁达夫此行是应《星洲日报》邀请，主编该报之早报副刊《晨星》和晚报副刊《繁星》以及星期日的《文艺》副刊。《星洲日报》为当时新加坡几大华文报纸之一，是"万金油大王""报业大王"胡文虎家族创办的众多以"星"字排头的"星系报纸"中的头一份，在当地读者面很广，影响很大。胡文虎在槟榔屿办的《星槟日报》及其双周副刊《文艺》，也由郁达夫主编，每期稿件编好后从新加坡寄去。此外，他还担任该报印行的小型画册《星光画报》的文艺版编辑和一九四〇年创刊的《教育》副刊编辑。一九三九年六月，郁达夫在《星洲日报半月刊》内又创办了《星洲文艺》专栏。在当时国内战火不断蔓延、政局极为动荡、稿源与销路都十分不利的情势下，一人编辑如此众多的文艺副刊，没有相当的感召力与编辑水平是难以胜任的，何况还是在英国人办的两份有几十年历史的文艺期刊《轨范》季刊和

《默叩利》月刊相继停刊的背景下，主持这些副刊便显得更为不易。但是郁达夫对此始终热情不减，并将它们办得有声有色，广受读者的欢迎。在他的心目中，他是将办好副刊作为一种神圣的政治使命来完成的，"是希望与祖国取联络，在星洲建树一文化站，作为抗战建国的一翼，奋向前进的"（郁达夫《〈星洲文艺〉发刊的旨趣》）。他号召读者投稿，发挥"国民至上的团结的精神"（郁达夫《〈繁星〉的今后》），以"助我们国家民族的复兴的成功"（郁达夫《接编〈文艺〉》）。

秉持着这样的编辑思想，郁达夫十分注重培养文艺新人，并把它与争取民族复兴、国家强盛的远大目标及推进星洲地区抗战文艺运动自觉地联系在一起。

对此，新加坡作家黄秀回忆道："郁达夫很喜欢接近文艺青年，他那时候的寓所在中峇鲁，笔者不止一次到过他的寓所。他给我的印象很好，我觉得他的性格平易近人，毫无半点大作家的架子，对我们这些来访的搞文艺的年轻人，非常欢迎，态度也极诚恳。"（秦贤次编《郁达夫抗战文录》）刘前度在《郁达夫在马来亚》一文中写道："他编的《晨星》，很喜欢提拔后进的写作人，只要内容好，写作技术成熟，都一一被录用。"虽然他因副刊篇幅限制，常常要求作者控制字数，"但是好的作品，往往超过这种范围，他都没有割爱，而尽量发表的"。对于新人的新作，郁达夫热情加以评介、推荐，如在《序李桂著的〈半生杂忆〉》中说："这是一个忠实的灵魂的告白"，"李桂先生的年纪还很轻，将来的造就，正还不可以限量"。接着，他诚恳地希望李桂"更能深入到时代的核心和群众的怒潮里去，加以一番锻炼"。在为温梓川的短篇集《美丽的谎》作评价时，他赞扬作者"很有眼光，很有魄力，敢将这些平凡的故事，叙写成短篇小说，若照这一方向伸展开去，温君是可以成为马来亚社会的忠实记录者的"（郁达夫《介绍〈美丽的谎〉》）。郁达夫还针对一些文学青年写作冗长、琐碎的弱点，热心地向他们推荐阅读名家名著，以帮助提高写作技艺。新加坡青年诗人冯蕉衣的才华就是被郁达夫发现的。他常将冯蕉衣的诗作略加修改后发表，有机会就当面给予指点。有段时间郁达夫因脚气病发作不能行走，就让冯蕉衣代他去报馆发稿和看大样。这位青年英年早逝，郁达夫亲自送其入殓、下葬，并在《晨星》刊出"纪念诗人冯蕉衣特辑"，情词恳切地纪念这位青年诗人。

在新加坡的三年，郁达夫还撰写了一百多篇杂文、政论文和文艺评论文章。例如他刚踏上新加坡土地的第三天，就在《星洲日报》上发表了一篇长篇政论文《估敌》，深刻揭露日本军国主义者一步步入侵中国的罪恶行径，分析卢沟桥事变后的国内外形势，最后得出抗战必将胜利的结论，对向海外华侨澄清抗战形势、鼓舞抗日斗志起了很好的宣传鼓动作用。他的《抗战两年来的军事》《傀儡登台以后的敌我情势》《敌寇政治进攻的两大动向》《抗日现阶段的诸问题》《敌国目前的致命伤》《欧战扩大与中国》《今后的世界战局》等文章，通过敌我力量的深入剖析、国际局势的纵横论述，探讨了夺胜的有利条件，增强了人们赢得反法西斯战争胜利的信心。还有不少政论文，控诉了日本侵略者在中国所犯的灭绝人性的罪行，揭露了国民党反动派消极抗日、积极反共的阴谋。皖南事变发生后，郁达夫立即同星洲文艺工作者一起，发表了《星华文艺工作者致侨胞书》，尖锐指出："一部分封建残余，顽固败类躲藏在抗战的阵营里，而且把握着相当大的权力与地位。……他们视抗日最力的军队为眼中钉，视真正在唤起民众的集团为心脏病。千方百计，势必把进步的力量消灭，把抗战建国的力量削弱，以遂他们的主子建立'东亚新秩序'的夙愿。"

对那些背叛祖国、出卖灵魂的汉奸卖国贼，郁达夫更是深恶痛绝，予以无情的鞭挞。当他得知昔日留日同学张资平也投靠了敌人，立即写了《"文人"》一文，痛斥这种"丧尽天良的行为"。文中在提到了"周作人的附逆"之后，进而严肃指出"文化界而出这一种人，实在是中国人千古洗不掉的羞耻事，以春秋的笔法来下评语，他们该比被收买的土匪和政客，都应罪加一等"。张资平原是创造社的元老、郁达夫的好友，周作人则是最早公正评价郁达夫小说并给予他极大支持的学者。当他们走上背叛人民的道路时，郁达夫毫不犹豫地斩断私人情谊，强烈谴责他们的丑恶行径，用犀利的笔触，将他们永远地钉在历史的耻辱柱上。这些战斗性极强的政论文章，在当时产生了很大的影响。文章数量之多，占其此时发表文章的半数！由此不难看出郁达夫高涨的爱国热情、强烈的战斗精神和高度的救亡图存的责任感。

今天的青年学子，知道郁达夫是位著名的作家的，不在少数，知道郁达夫在抗战时期是位著名的杂文家、政论家的，恐怕寥寥无几。一位享誉文坛的大文豪，在那腥风血雨的特殊岁月里，创作不搞，甘当编辑，小说不写，宁写杂文与时事评论。这，就是他为自己找到的战斗岗位。他那崇高的民族使命感、宏阔的思想情怀、甘为人梯的牺牲精神，堪为世人的楷模。他全身心地投入抗日救亡的洪流之中，成为一名忠诚的反帝爱国的文艺战士。

抗战时期的郁达夫不仅富有战斗激情，而且还十分注意斗争策略。一九四〇年五月，郁达夫的一位日本文友、评论家新居格氏，通过读卖新闻报社转来一封公开信，信中叙述了他们过去的友情，认为"人与人之间的感情，是不会因两国之间所酿成的不幸事而改变的"，望他们之间"仍如以前一样，不，不，或者比以前更加亲密地……有互作关于艺术的交谈的机会"。

当百万日军正长驱直入地侵占我领土，杀戮我同胞之时，郁达夫如何回复这封信确实是个问题。他说："若置之不理呢，恐怕将被人笑我小国民的悻悻之情，而无君子之宽宏大量；若私相授受，为敌国的新闻杂志撰文，万一被歪曲翻译，拿去作为宣传的材料呢？则第一就违背了春秋之义；第二，也无以对这次殉国的我老母胞兄等在天之灵。"因此，他最后决定将新居格氏的来信及自己的回复以《敌我之间》为题先后刊登在《晨星》上，然后将报纸剪下投寄日本。郁达夫在复信中说："中国的民众，原是最爱好和平的；可是他们也能辨别真正的和平与虚伪的和平不同。和平是总有一天会在东半球出现的，但他们觉得现在恐怕还不是时候"，只有当"阻碍和平，挑动干戈的魔物，总已经都上了天堂或降到地狱里去了"的时候，才能"以赤诚的心，真挚的情，来谈艺术"。郁达夫如此处理这封回信，真是公谊与私交都兼顾了，十分得体地表现出泱泱大国国民的风度与智慧。

星岛三年，郁达夫始终不忘与祖国保持密切联系。重庆出的中华全国文艺界抗敌协会会刊《抗战文艺》寄到南洋后，郁达夫总要选出几篇介绍给新加坡的读者。他还直接从国内组稿，郭沫若、茅盾、老舍、丁玲、柯灵、萧红、艾芜、楼适夷、许广平等人的作品时常在他编的副刊上出现。他这样做，目的是"想把南洋侨众的文化，和祖国的文化来作一个有计划的沟通"，并"在海外先筑起一个文化中继站来，好做将来建国急进时的一个后备队"。（郁达夫《关于沟通文化的信件》）当重庆被炸，文协经费拮据时，身为常务理事的郁达夫不忘自己的职责，撰文发动文艺界以义卖文稿和自由捐款的方式支援文协。款到重庆时，"全体会员无不感激"（老舍信函）。对于南下进行抗日宣传活动的各方人士，郁达夫总是以殷切的热情，将他们介绍给广大侨胞。武汉合唱团来吉隆坡演出曹禺的《雷雨》《原野》，郁达夫专程乘火车赶去参加揭幕仪式；徐悲鸿到新加坡义展，郁达夫撰文赞扬他"艺术报国的苦心"；来自战地的演员王莹赴新加坡募捐演出，宣传抗日救国，郁达夫以新闻专访稿的形式，称赞、鼓励她日渐精进的剧艺；还有刘海粟、杨骚、金山等画家、作家、演员来星洲活动，他都热情接待，并通过多种渠道扩大他们在侨胞中的影响。这些"为他人作嫁衣裳"的琐碎小事，郁达夫都乐意一一做去。

郁达夫在海外的工作，得到了国内文艺界的一致肯定。一九四〇年三月，文艺界在重庆中苏友协集会时，其中议程之一就是寄一首诗，遥祝郁达夫在海外卓有成效地开展抗日宣传工作。此诗依次由老舍、郭沫若、王昆仑、孙师毅四位文学家、艺术家联句而成："莫道流离苦，天涯一客孤。举杯祝远道，万里四行书。"郭沫若还在诗后附写了一封短信："诗上虽说你孤，其实你并不孤。今天在座的，都在思念你，全中国的青年朋友，都在思念你。""……苏联的作家费德连克（他也用了中国笔，写了'都问你好'的四字）。及米克拉舍夫斯基（他写的是'知己知彼，百战百胜'的两句孙子兵法）。"（郁达夫《"文人"》）在海外看到此信的郁达夫真是无比感动，他深知自己的工作，与祖国的命运相连，自己的心，与国内的朋友相通，祖国作为强大的后盾支撑着他，还有什么比这更令人感到欣慰的呢！

星岛三年，与郁达夫忘我、高亢的抗日救亡热情相悖的，是他那不幸的感情生活。到达新加坡后，虽然郁达夫拼全力投入工作，但对那位浙江省党部的先生弄得他家破人亡的事情，始终耿耿于怀，在脑海中挥之不去。一九三九年三月，他将自己一九三六年至一九三八年间写的诗词，选出十九首诗和一首词，添注加题编成了《毁家诗纪》，投至香港《大风》旬刊。这组旧体诗作，是郁达夫后期的重要作品之一，其中既记述了他个人爱情生活中的感情挫折，也唱出了"匈奴未灭家何恃"，"留取吴钩拼大敌"的爱国心声。王映霞读了《毁家诗纪》之后，心情自然不能平静，尤其对每首诗词后披露他们家庭争端内幕的注文更无法容忍，于是先后写了两封长信寄往《大风》旬刊。编辑陆丹林原本以朋友身份向郁达夫约稿，以为《大风》旬刊出版周年纪念壮声势，不想郁达夫寄来的《毁家诗纪》让旬刊连印四版，轰动了国内外。这时陆丹林又以"不袒护"为由，先后登出王映霞的《一封长信的开始》和陆氏为之加题的《请看事实》，闹得不可收拾。

夫妇之间到了这般地步，破镜难再重圆，唯一的出路就是离婚。王映霞先去异地教书，两人分居。一九四〇年五月，双方协议离婚，各自登报声明脱离关系，终于结束了十二年的夫妻生活。

想当年，郁达夫对王映霞爱得何等痴迷，何等忘我！他不顾家庭、名誉及一切身外之物，狂热地追求王映霞，并求爱情能"长存于天地之间"。然而，短短十二年，他们之间竟走到了如此地步！这不能不谴责那位道德丧尽的"党部的先生"，他对一位只会握笔杆子的文人"竟做出了比敌人对待我们老百姓还更凶恶的事情，而且还是在这一次的抗战军兴之后"（郁达夫《回忆鲁迅》）。同时，也是这弱者的报复手段——用文字将家丑张扬出去以泄愤，促成了他们之间关系的终结。可怜一位手无寸铁的善良之士，在抗战之初连连遭受丧母、兄，婚变的厄运，这是常人难以承受的精神打击。

王映霞离去之后，郁达夫与儿子郁飞相依为命。每当他们父子独处，父亲逗儿子玩时，无意间提起以往三人在一起时说过的玩笑话，话一出口，两人立即忆想起当时的情景，便全都默不作声了。无疑，郁达夫是痛苦的。自王映霞走后，他曾写过两首感伤的诗篇。在一首寄王映霞的诗里，后半阕这样写道："纵无七子为哀社，终觉三春各恋晖。愁听灯前谈笑语，阿娘真个几时归？""三春"指王氏的三个儿子郁飞、郁云、郁荀，三人的幼名分别是阳春、殿春、建春，"恋晖"自然是儿子们对母亲的眷恋。此处说的是儿子思恋母亲，又何尝不是郁达夫思恋着远去的王映霞呢？

郁达夫又是坚强的。他深知，"大难当前，这些个人小事，亦只能暂时搁起，要紧的，还是在为我们的民族复仇"（郁达夫《毁家诗记》）。从前面所述的那些篇章里，可以看到郁达夫宣传抗日的忙碌身影，谁又能想到，这是一位正处于"家破人亡"境遇中的人忘我工作的劳绩呢？

一九四一年，有位名叫李晓音的女性，闯入郁达夫的生活。李小姐是福州人，上海暨南大学文科毕业，漂亮又聪明，中英文程度都好，是新加坡英国当局情报部（实为宣传机构）的华籍职员。李小姐曾一度借住于郁达夫寓所的书房，两人关系日渐密切。这一年情报部要办一张《华侨周报》，经李晓音推荐，郁达夫兼任该周报的主编。一九四二年李晓音搬出了郁达夫的寓所，两人往来却并未减少，但最终没有结合。太平洋战争爆发后，李小姐当了联军播音员，随英国情报部撤退去了爪哇，战后重返星洲，另行组织了家庭。

李晓音撤走后，新加坡的形势日渐恶化，英国当局因力量不足，只让老弱妇孺优先撤离。国民党重庆当局也无意相助漂流于南洋宣传抗日的这批文化人，于是郁达夫托请《星洲日报》要闻版编辑尤君浩的夫人卢蕴伯带郁飞撤离回国。去何处呢？此时，郁达夫首先想到的是沈从文。但继而一想，当时正在西南联大任教的沈从文是个清贫的寒士，此后倘若关山阻隔，郁氏接济中断，增加沈氏负担，多有不当。思虑再三，最后将郁飞托付给已在重庆任行政院秘书长的老上级陈仪。后来，陈仪不负故友重托，在音讯断隔的情况下，将郁飞培育成人。

郁达夫为儿子置办好行装之后，又将平日积蓄的六百叻元汇寄昆明中国银行，供儿子回国取用。本以为这六百叻元足够儿子几年的生活费用，谁知寄到国内兑换成法币后，因物价飞涨，钱币贬值到连一年的生活费都难以维持。

临行前夕，郁达夫在晚餐桌上对儿子说："你到别人家里，可别惹人厌啊！"说了这句，他的声音哽咽了起来，此时此刻，他心里翻腾得厉害，觉得有许多话要对儿子说。十三岁的孩子，独自一人远去朋友家度日，没有了母亲，又离别父亲，该好好叮咛一番才是……可是，父亲毕竟是父亲，郁达夫又觉得，此时不该流露太多的伤感情绪，以免影响孩子的心理，终于说了这一句话便打住了。经历了家庭变故，已经早熟了的郁飞，听了父亲这一句嘱咐，哪里还吃得下饭去？这顿饭便在无言的离愁别绪中提前结束了。尚未成年的郁飞更未想到，一九四二年一月三十日，噙泪站在海澄轮上同父亲挥手作别，竟是他们父子间的永诀！

异域殉难

　　郁达夫将儿子送走之后，新加坡的形势急转直下。由于马来亚内陆地带于一九四二年一月三十一日全部沦陷，英军不得不炸断新加坡通往柔佛州的海堤，退守新加坡本岛，新加坡人民奋起投入坚守本土的保卫战。

　　此时的郁达夫孑然一身全无牵挂，也跟新加坡人民一起，敌忾同仇，坚持斗争。但是不久却传来消息，说英军并不打算坚守新加坡。新加坡华侨抗敌动员总会（简称"抗委会"）主席陈嘉庚向英国驻新总督提出要求，希望当局在最后一刻能保证华侨抗委会的全体人员安全撤退，遭到总督拒绝。于是抗委会决定分批撤离，陈嘉庚等人于二月三日突围，经苏门答腊去爪哇，郁达夫和抗委会宣传股负责人胡愈之、唐伯涛、邵宗汉及其他宣传工作人员王任叔、张楚琨等一行二十八人，于二月四日清晨撤出新加坡。

当时郁达夫是新加坡华侨抗敌动员总会的执行委员、新加坡文化界抗日联合会主席、星洲华侨文化界战时工作团团长兼干部训练班主任。他们一行于当晚抵达荷属小岛巴美吉里汶。由于大多数人事先未获荷兰驻新领馆的签证，被扣留了两天后放行至另一小岛石叻班让，与先期到此的沈兹九、刘武丹等人会合。考虑到如此众多的避难者在一起行动，路途多有不便，于是决定再分成两批，先去爪哇，再设法回国。郁达夫和胡愈之、沈兹九、唐伯涛、邵宗汉等七人第一批出发，申请去爪哇，但小岛的荷属印尼官员无权审批，就将他们送到另一海岛望嘉丽。但是，望嘉丽的荷印分州长请示首府巴达维亚（今雅加达）后，除唐伯涛一人有入境签证允许去爪哇外，其余六位均被拒绝赴爪哇。他们只得暂时留居在这里。二月十五日晚，马六甲海峡彼岸的炮火声突然中断，联军电台广播证实，新加坡已经沦陷。海峡这边的岛屿处境十分危险，日本侵略军随时有可能登陆。第二天，郁达夫等人再去找分州长时，正在仓促整理行装准备撤离的分州长对他们说："现在你们的行动已不再受限制，去哪里都行。"可是，岛上所有的运输

166

工具已被当局征用，郁达夫他们哪里也去不成了！

情急之中，他们决定去望嘉丽对岸保东村找一位热心的侨胞陈仲培。那是一座尚未开发的小村子，仅有两三户人家是华侨。郁达夫等人抵达后，受到陈仲培一家的殷切照顾，在其住屋隔壁暂时住下。既然去爪哇再回国已无希望，郁达夫便作长期隐蔽的打算，从这时起，他开始蓄髯，同时向本地人学印尼语。在这南国岛屿与世隔绝的小村子里，乡思的愁绪不免时时袭来，郁达夫后来收在《乱离杂诗》中的大部分诗作，便是在这里吟成的。

过了不久，荷印总督投降日军，保东村一带风声又紧了起来，郁达夫他们不愿连累陈仲培，便分散向附近撤退。郁达夫与王纪元一组，去五公里外的小村彭鹤岭隐蔽，其余四人去巴唐岛。在彭鹤岭，郁达夫改名赵德清，又开了个小杂货店作掩护，王纪元扮作铺子里的伙计，准备长期隐居下来。

新加坡失守后，工商业者与知识分子不堪日军的暴虐，纷纷逃往附近的小岛。日本宪兵部获悉后，又派汉奸四出寻人。郁达夫迫不得已，与王纪元两人继续深入苏门答腊内地——帕干巴鲁，另四位同道则后续抵达。

帕干巴鲁并非像想象中那样安全。这里地处交通要道，日寇随时可能进犯，当地的侨长也不给他们签发去苏门答腊内地的通行证，于是郁达夫只得向巴爷公务进发。此时郁达夫又改名为赵廉，因为蓄着胡子，后来大家又送了他一个外号"赵胡子"。

王纪元在往帕干巴鲁的途中病倒，便同后面的四位朋友同路。郁达夫只身去巴爷公务探路时，为避嫌疑，化装成苦力模样，身穿一套蓝色工装衣裤。汽车在行进途中，忽遇一辆日本军车迎面驶来，拦住他们的车子，一名日本军官跳上车来叽哩哇啦地说了一通。车上的印尼人见状纷纷逃下车去，以为日军要征用他们的车子。郁达夫听出该军官是在问去帕干巴鲁的路怎么走，于是用日语回答了他。日本军官见郁达夫的日语如此流利，高兴之余，向他行了个军礼以示感谢。想不到这次简单的问话，竟给善良的郁达夫以后的生活带来了无尽的灾难。

先是满车的印尼人对这位苦力打扮、连日本军官也向其敬礼的陌生人产生了疑惧，以为他是化了装的日本间谍。到了巴爷公务后，司机将他恭恭敬敬地送到一家广东人开的海天旅馆住下。当住客登记簿上留下"赵

"廉"的姓名后，不多时，小镇上的人到处都在神秘地传递着一个消息：日本大间谍赵廉来到了巴爷公务。

接下来一段时间，郁达夫的日子不太好过。镇上的居民，无论本地人还是华侨，都对他侧目而视，态度分外冷漠。郁达夫寻找住房十分困难，连当地的侨长也对他敬而远之。直到后面的同伴到了巴爷公务，向人们证明郁达夫是新加坡逃来的难民，误会方始消除。

巴爷公务地处赤道，是苏门答腊西部的一个小镇。镇上居民一万多人，其中华侨一千余人。当时这里无日军进驻，只在十五公里外的武吉丁宜驻有一个日本宪兵分队。从巴爷公务坐火车向西经过武吉丁宜，再向南约一百二十公里是苏门答腊西海岸的港口城市巴东。在此后一段日子里，这三处地方都与郁达夫的生活有着密切的联系。

一九四二年五月底的一天，郁达夫为租借住房，去拜访镇上的侨长蔡承达。适逢一名日本宪兵有事来找侨长，两人言语不通。侨长知道郁达夫会说日语，便请他当了翻译。武吉丁宜的日本宪兵分队获悉巴爷公务有个精通日语的商人赵廉后，分队长便亲自来到巴爷公务，要带郁达夫去分队任翻译。郁达夫以经商作托词，没空去当通译，宪兵分队长最后以"军令"强迫郁达夫于六月去了武吉丁宜。

当时，流亡到巴爷公务的文化人靠着一笔四百盾的外来救济费和当地华侨投资的百余盾荷币，开了一爿酒厂，由郁达夫出面当老板，厂名为赵豫记。同去的文化人张楚琨担任酒厂经理，胡愈之记账。酒厂开张以后，生意兴隆，每月赢利数百盾，其中一部分提取出来，分给避难来此的文化人。之后，来此避难的文化人陆续增多，僧多粥少，"赵老板"不得不又增开了肥皂厂和造纸厂。

郁达夫顶着"赵廉"的名字去武吉丁宜当通译是有条件的，那就是他是个商人，不懂政治，当翻译完全是帮忙性质，不领宪兵部的佣金。日本人当时了解的赵廉，是个有钱的商人，自小跟随父亲在东京生活，家里是"大古董商"，后来转到这一带来做买卖，是个福建籍的侨民。

进入日本宪兵部的郁达夫怕酒后误事，坚决戒去了他生平最大的嗜好——酒。在那阴冷森严的魔窟狼窝里工作，确实使郁达夫经受了一次极其严峻的考验。给日军当翻译，无疑是"助纣为虐"，但是郁达夫以其忠贞的爱国情怀和民族良心，证明了自己的清白操守和民族气节，在当通译的半年时间里，赢得了当地印尼人民和广大侨民的敬重，人们亲切地称呼他为"伯"（印尼人表示尊敬的称谓）。

与郁达夫一起流亡、在赵豫记酒厂管账的胡愈之，是在新加坡进行抗日宣传工作的中共地下党负责人之一。他后来在《郁达夫的流亡和失踪》一文中回忆道："在担任通译时，他却帮助了不少人，其中大部分却是印尼人。达夫当时懂得马来话，不过几句，但因为宪兵完全不懂马来话，所以遇到审问印尼人时，仍要他作翻译。他把印尼人的供词翻译时故意减轻罪证，因此开脱了不少的印尼人。……有时宪兵部接到暗探报告，有关于华侨的，达夫探悉以后，就暗中通知当事人，设法消弭。所以当达夫任通译的几个月中，武吉丁宜宪兵部没有杀害过一个中国人，偶尔有被拘禁的，不久经过达夫的暗中营救，也都释放了出来。"吴柳斯在《纪念郁达夫先生》一文中也说："在他任职的七个月当中，我知道他只有帮华侨，帮印尼人的忙"，"所以当宪兵队长要他通译的时候，也常常自问自答，好比演戏一样，不论什么人被抓到宪兵部去，给他如此一来，都释放出去，于是，被抓的人，既不知是为什么被抓的，又不知为什么被释放的，然而大家都知道，这是郁先生帮的忙"。

有一次，郁达夫随日本宪兵秘密出差去苏门答腊北部的亚齐，侦查联军间谍和抗日分子的活动，一去两个多月，毫无音讯。巴爷公务的朋友们焦虑异常，不知发生了什么事。加之前不久印尼的报纸上有一则电讯说，在重庆领导抗日文艺运动的作家郁达夫，已经抵达南京参加"和运"，因此大伙儿都担心郁达夫是被日本人胁持去了南京，纷纷四出探听他的情况。原来，亚齐的日本宪兵抓获了几个有重大嫌疑的抗日分子，而且还搜查到证物。审讯过程中，仍由郁达夫当通译，郁达夫将他们的"罪名"全说得无关紧要，最后所有被捕者都被释放，那些印着荷兰文字的证物也被郁达夫全数销毁。

郁达夫帮助印尼人和华侨避灾消祸，令侨民和印尼人民深深感激，每当有人遭受日本宪兵的迫害，他们总是向他求助，他虽然不是侨长，但在华侨中威信极高。在当地民众的心目中，他就是他们的恩人和保护神。

另一方面，郁达夫对那些民族败类则十分痛恨，惩处起他们来也绝不手软。一次，棉兰某大侨领的儿子带了几个华侨，奉棉兰的日本宪兵部之命来缉拿爱国华侨陈嘉庚等人，请求武吉丁宜宪兵部加以协助。郁达夫翻译时，故意为他们添油加醋，讲些令日本人不高兴的话，日本宪兵十分不满，将这些败类痛骂一顿之后，把他们驱赶了出去。临走时，郁达夫对他们说："你们忘记了自己是中国人吗？中国人为什么要捉中国人？快滚回去，以后不许。"那帮蠢货不知郁达夫是何许人，听了训斥后，只得连连点头称是，败兴而回。

郁达夫在宪兵部当通译，是义务性质，而且还装成富商，完全不懂政治的模样，这层保护色使宪兵部的人对他无多大设防，加之他出手大方，宪兵部没有谁没伸手向他借过钱的。平时一些宪兵有空，也愿意上他家去大吃大喝，因此连宪兵部里一些秘密情况都不隐瞒他。郁达夫为此十分忧虑，因为他明白，了解他们的内情越多，今后自己的危险就越大。有一天晚上，他与巴东的一位朋友张紫薇在一条僻静的街上散步时，曾忧心忡忡地对他说："他们把很秘密的事情都拿来和我商量，我怕……"两人想来想去，觉得唯一的办法就是尽快脱离宪兵部。

一九四三年初，日本侵略者决定在苏门答腊建立军政监部，与马来亚分权统治，将首府设在武吉丁宜，并准备将新加坡南方军第七方面军第二十五军的司令部调防至此，还设置宪兵队总部。这一消息，让郁达夫惴惴不安。他几经努力，都没能离开宪兵部，最后只好装病了。然而郁达夫的身体又是健康的，"于是他只好虐待自己，鸡鸣即起，用冷水冲凉，让自己伤风；吃鸦片，喝酒，让自己咳嗽……"（金丁《郁达夫的最后》）他想尽了种种方法摧残、折磨自己，为的是要证明自己患有肺病。后来，他终于在萨瓦伦多医院买通了一位日本医生，开到了一张证明自己患有肺病的病假单，向宪兵部提出辞职。二十世纪四十年代初，由于盘尼西林（即青霉素）还没有得到广泛应用，肺病在某种意义上就是个绝症，人们对此都谈虎色变。日本人怕传染肺病，只得准许郁达夫辞职，但条件是必要时还得请他来翻译。这样，郁达夫于一九四三年二月终于脱离了武吉丁宜宪兵分队，回到了巴爷公务。

在宪兵队任通译期间的郁达夫，一方面顶着个汉奸的恶名，另一方面却要竭尽全力地保护无辜的民众；一方面以大阔佬的身份周旋于狐鬼豺狼之间，另一方面还要严严实实地用"赵廉"庇护"郁达夫"，庇护那一大批处于危难中的文化人。这两难的境地、双重人格的生活，对于一向表里如一、旷达不羁，乃至喜欢"自我暴露"的郁达夫来说，是怎样的一种煎熬啊！这一方面的情况，要数在郁达夫家扮作"看屋的"杂役的作家王任叔（笔名巴人)揭示得最为深刻：

我在他家当了一个月的看门人，我似乎更理解了达夫：他有名士的积习，豪绅的蛮横与孩子的天真。他不是以理智来管理自己的感情，他是以感情的反应，所谓警觉性，来管理自己的感情的。他不是以理性的认识来处理他的生活，他是仅凭生活经验中得来的感性认识来指导自己的生活。他有时实在像个土豪劣绅，他知道怎样来制服那些野兽似的宪兵朋友，他装作很豪奢，为他们花钱……他想借金钱的力量，去建立他们之间的虚伪的友谊。他又常常依凭日本人的势力，去对付侨胞，那些太过没有政治知识的侨胞。他常常用恫吓去压迫他们就范。这范围却是"中国人要爱护中国人，不许自相争夺，打闹和诬告，陷害"。而这些正是华侨商人的专长。他有时不惜偶一利用日本人名义，打击这一类人。他同样也依仗日本人权势，去遏止那些印

175

尼人对中国不利的行动。他实际上，有强烈的爱国主义精神，甚至爱到瞧不起其他民族。但他又有强烈的人道主义，和人类爱，爱到不分侵略民族和被压迫民族的关系，而贸然仅凭一个人的个别行动论列事理。（王任叔《记郁达夫》）

一九四三年五月，日本军政监部在武吉丁宜建立，第二十五军司令部和宪兵队总部也同时迁到这里。日军为强化对苏门答腊中部地区的控制，准备从巴爷公务修筑一条通往帕干巴鲁的铁路线，巴爷公务的华侨都十分恐慌，唯恐被日本人抓去当筑路劳工。郁达夫知道后，与同去的文化人商量，决定抢先一步，以他的名义，在士都朱集资创办一所华侨农场，使许多有可能被征去当筑路劳工的青壮年华侨免遭劳役之苦。郁达夫的这一举措，使人不免想起了辛德勒之招募犹太人办工厂，虽然性质与情况都不尽相同，但从某个角度来看，郁达夫无疑是辛德勒式的侨民救世主。

郁达夫既然是富商，住在洋房里，又有特雇的厨子给他烧菜，家里却没有个女主人，不免会引起日本人的猜疑。因此，经朋友介绍，一九四三年九月十五日他同一位巴东姑娘何丽有结了婚。何丽有是广东人，二十岁，小时候为一陈姓者收养，因此原名陈莲有，与郁达夫结婚时，改用了本姓"何"，"丽有"是郁达夫为她取的名，意思是"何丽之有"。结婚后，她便随郁达夫住在了巴爷公务。新夫人容颜并不美丽，身材健硕，没有文化，只会讲当地的马来语，郁达夫常在朋友面前戏称她为"婆陀"（马来语即为"傻瓜"之意）。郁达夫要这样一位女子做妻子，实在也是用心良苦。他是怕将有文化、过于聪明的女子娶进门来，会暴露他的身份。有一回，郁达夫问妻子："你看我究竟是做什么的？"何丽有望了望家中那许许多多的书说："我看你呀，我看你是一个'都岗八杂'（马来语即'读书匠'的意思）。"但是，郁达夫并没有因为她是个无知识的女性而轻慢她，婚后，两人进进出出，相伴相随，相处十分和谐。她还为郁达夫生了一子一女两个孩子。离开宪兵队之后的郁达夫怕引起怀疑，仍不得不继续与上门来白吃白喝的宪兵们周旋，"赵太太""夫唱妇随"，对他们应付裕如，使鬼子们一点破绽都看不出来。

这一期间，迁到武吉丁宜的日本宪兵队总部，有一个福建籍的汉奸叫洪根培，是日本设在新加坡的兴亚炼成所训练出来的特务。他一到武吉丁宜,就打听到赵廉就是郁达夫,但由于"赵老板"在当地群众中很有威望,未敢轻举妄动。洪根培没有结婚,看上了一位侨商的女儿黄小姐,但黄小姐已与新加坡的华侨青年林某相好。林、黄新婚未久,洪根培便诬告林某是抗日分子而使其遭逮捕。郁达夫怕林某年轻,会被"屈打成招",受人之托,曾为救林某而奔走努力,这就使洪根培怀恨于心。巴爷公务的中华小学校长被校董事会解职时,曾央求过郁达夫,请他帮忙说情,遭到郁氏的拒绝,也对他耿耿于怀。这两个披着人皮的豺狼,仅仅为了这小小的一己私利,便勾结起来,向日本宪兵部告密,说赵廉就是中国作家郁达夫,还信口雌黄,诬告他是联军的间谍。

洪根培告密的消息传出来之后,同郁达夫一起避难的文化人都极度不安。有人劝郁达夫赶快躲避一下,郁达夫未同意。他知道自己已被敌人监视起来,每日都有宪兵来他家"喝酒""闲谈",如若脱逃,他将会立即被逮捕,后果会更坏。他建议他的朋友们赶快疏散,以免引起更大的牵连。经过商量讨论,众人决定胡愈之、沈兹九去棉兰,张楚琨、高云览等人去巨港,于一九四四年二月底没被敌人发觉之前，先后撤离了巴爷公务。同来避难的朋友们都走了，郁达夫独自留了下来。他那临危不惧的精神和为了朋友宁肯牺牲自己的高贵品德，令他的难友们终生难以忘怀。

此后，郁达夫不断地应酬着跟宪兵们吃喝、闲聊，表面上谈笑自若，神态从容，心情却十分阴郁忧虑。他感到敌人对他撒下的罗网，正在一步步地收紧，同他来往较为频繁的华商被传讯，巴爷公务、望嘉丽、巴东等地十多位华侨遭逮捕，都与"赵廉"有关。是坐以待毙，束手就擒，还是试图突围，另觅生路？经过再三考虑，郁达夫便让从新加坡避难而来、寄住在他家的青年小杨去巨港探路，谁知出门不远就被日本宪兵抓到武吉丁宜的宪兵部去了。小杨被放回家的时候，宪兵队长干脆让他捎口信给郁达夫，说他是中国著名的文学家，过两天去看望他。

不久，宪兵队长把郁达夫叫了去，指着堆放在那里的郁达夫的全部著作问道："这些书是谁作的？"郁达夫见是自己的作品，心一沉，但立即镇静地回答："是我作的。"对方问："怎么你又是赵廉呢？"郁达夫从容地回答道："赵廉是本名，这是笔名。——中国作家有不少这样的例子：如鲁迅即周树人，茅盾即沈雁冰，所以郁达夫即赵廉，哈哈哈……"宪兵队长见他态度自若，言之成理，倒也并未申斥，只说："我们找你找得好苦啊！"郁达夫装作坦然的样子说："啊啊！是吗？怎么你们不先问问我呢？如果问问我，我早同你们说了。"宪兵队长听后，态度反倒十分谦恭起来，但到后来，却又改了一副声腔，说为了四处查证郁达夫的情况，"不知用了多少钱"，郁达夫自然明白此话的含意，立即大方地表示："钱嘛，我这里有，你们要，拿去用吧。"此后，郁达夫自然是更为频频地款待他们喝酒，吃"支那料理"，吃到这批畜生个个尽兴而归为止。

日本宪兵查清了郁达夫的身份以后，倒也没有马上对他本人采取行动，只是加紧对他的监视。之后又把他从小洋房里"请"出去，搬到他们指定的一间店铺式的房子里去居住。

处于如此险境的郁达夫，面对民族败类，仍然是疾恶如仇。一天，郁达夫走在大街上，遇到了洪根培的姨父吴某。此人仗着内甥洪根培的势力，以及跟日本人攀亲结眷的关系，在巴东是个红得发紫的人物。郁达夫见了他，气不打一处来，愤愤地对他说："你小心你的女儿！最好把你的女儿和洪根培结婚，不然也许他会告你的密！"又有一回，洪根培坐汽车离开武吉丁宜，路过巴爷公务，车子停在街旁，正值郁达夫路过，他不由分说地打开车门将洪根培拉下车来，狠狠地打了他两个耳光，咬牙说道："你再去告我的密！"洪根培当场吓得脸色发青，连连向郁达夫道歉。

日子在平静中过去，直到日本宣布投降之前，宪兵部都没有再"惊动"过郁达夫。但是，郁达夫凭着他的直觉，在作着以防万一的打算，他于一九四五年的农历正月初一，写下了一份《遗嘱》：

余年已五十四岁，即今死去，亦享中寿。天有不测风云，每年岁首，例作遗言，以防万一。

自改业经商以来，时年八载，所有盈余，尽施之友人亲属之贫困者，故积贮无多。统计目前现金，约二万余盾；家中财产，约值三万余盾。"丹戎宝"有住宅草舍一及地一方，长百二十五米达，宽二十五米达，共一万四千余盾。凡此等产业及现款金银器具等，当统由妻何丽有及子大雅与其弟或妹（尚未出生）分掌。纸厂及"齐家坡"股款等，因未定，故不算。

　　国内财产，有杭州官场弄住宅一所，藏书五百万卷，经此大乱，殊不知其存否。国内尚有子三：飞，云，荀，虽无遗产，料已长大成人。地隔数千里，欲问讯亦未由及也。余以笔名录之著作，凡十余种，迄今十余年来，版税一文未取，若有人代为向出版该书之上海北新书店交涉，则三子之在国内者，犹可得数万元。然此乃未知之数，非确定财产，故不必书。

乙酉年元旦

　　《遗嘱》中郁达夫自述五十四岁，乃蓄胡瞒报之假年龄，这年的郁达夫，虚岁刚满五十。杭州"官场弄"系"场官弄"之笔误。"笔名"的说法，自然是为了同跟宪兵队所说的口径统一。这份《遗嘱》，也从一个侧面向我们证实了，郁达夫在那险恶的环境里，对自己的处境始终保持着清醒的认识，他那视死如归、永不屈服的精神，可昭日月，彪炳史册。

　　一九四五年春天，全世界反法西斯战争的胜利几近定局。五月二日，苏联红军攻克柏林，五月七日，德国最高统帅部代表签署了无条件投降书。而日本帝国主义在亚洲仍在负隅顽抗。然而，稍有政治敏锐性和军事常识的人都不难看出，失败的结局已离日本不远。七月二十六日，中、美、英三国发表了《波茨坦公告》，敦促日本放下武器，无条件投降。这一时期，郁达夫情绪十分亢奋，每天清晨早早起身，即往侨长家里去收听无线电广播。

一九四五年八月十五日，郁达夫终于在无线电广播里听到了日本向全世界宣告无条件投降的消息。苏门答腊各报还不敢立即报道此新闻，郁达夫激动万分，先是发信给棉兰等地的朋友，要他们做好出来工作的准备，又跑到自己创办的士都朱农场，把胜利的消息与那里的侨胞分享。他还打算组织当地的侨胞成立一个筹备委员会，迎接从前线归来的联军……沉浸在胜利的喜悦与激动中的郁达夫万万没有想到，就在这个时候，日本宪兵队的罪恶魔爪向他伸了过来。

八月二十九日晚上八时许，郁达夫正在家里同蔡清竹、包思井等华侨朋友商谈如何结束士都朱农场的事情，有一身穿便服、操马来语的印尼青年突然来到他家，说有事要郁达夫出去商谈一下。郁达夫当时毫无防备，就穿着居家的睡衣、跷着木屐随那个印尼人走了出去，几分钟后，他又回来招呼蔡清竹等人说："我出去一会儿就来，你们请坐一下。"等到深夜十一时，也不见郁达夫回来，蔡清竹等人以为郁达夫另有事在外面耽搁了，就各自散了。次日清晨，何丽有要分娩，郁达夫仍没有回家，再请人四出找寻，却始终没有找到。郁达夫从此就失踪了！

　　郁达夫失踪之谜，多少年来一直没能彻底解开。四十年后，一位研究郁达夫的正直的日本学者铃木正夫，经过全面、深入的采访调查，于一九八五年在富阳举行的郁达夫殉难四十周年纪念学术讨论会上作了《郁达夫被害真相》的报告。后来铃木正夫又写成《苏门答腊的郁达夫》一书出版。郁达夫牺牲之谜终被解开：主谋者是一九四三年五月起在武吉丁宜宪兵分队任班长的D，他的职权很大，仅在队长之下，处于直接指挥队员的地位。日本投降后，D认为这个"姓赵的有名的中国人，因为他太了解宪兵队的底细了"，于是"命令手下四个人去把他杀了。当时是开着卡车去的，是Y和后来下落不明的一个（不是×）把他给扼死的"，那个诱骗郁达夫外出的印尼青年，则是宪兵队的密探。（铃木正夫《苏

门答腊的郁达夫》）

　　郁达夫写小说、写散文，也写诗，自"九岁题诗满座惊"起，一生写了无数的诗作佳品。他的旧体诗写得尤为出色，在中国新文学史上，恐怕也难有人超过他。郁达夫的一生更像一首诗，一首用鲜血写成的"富丽悲壮"的诗，在人间被传诵、吟唱，直到永远……

参考书目

郁达夫:《郁达夫小说全集》,长春:时代文艺出版社,1996 年。

郁达夫:《郁达夫散文全编》,杭州:浙江文艺出版社,1990 年。

郁达夫:《郁达夫自传》,南京:江苏文艺出版社,1996 年。

曾华鹏、范伯群:《郁达夫评传》,天津:百花文艺出版社,1983 年。

郁云:《郁达夫传》,福州:福建人民出版社,1984 年。

郁达夫:《郁达夫短篇小说集》,长沙:湖南文艺出版社,1997 年。

郁达夫:《郁达夫日记集》,西安:陕西人民出版社，1984 年。

黄侯兴：《郭沫若的文学道路》，天津：天津人民出版社，1983 年。

铃木正夫：《苏门答腊的郁达夫》，上海：上海远东出版社，1996 年。